¡Sssssshhhhhhhhhhh!

Haz del teatro algo íntimo

Llévalo siempre en el bolsillo

Cubierta y diseño editorial: Éride, Diseño Gráfico
Dirección editorial: ángel jiménez
Imagen portada: variaciones sobre obra
woman-5338139 (Pixabay.com)

Primera edición: octubre, 2024

Petra Ximénez
© Isidoro Ortega-López
© VdB, 2024
Espronceda, 5
28003 Madrid

VdB®

ISBN: 978-84-19850-78-2
Depósito Legal: M-22484-2024
Diseño y preimpresión: Éride, Diseño Gráfico

VdB® es una marca registrada de Éride, S.L.

Este libro protege el entorno

Petra Ximénez

Isidoro Ortega-López
(Madrid, noviembre, 1962)

Es licenciado en Filología Moderna por la UCM, en esta misma facultad obtuvo el Certificado de Aptitud Pedagógica. En la URJC cursó estudios de doctorado obteniendo el DEA. Ha sido profesor en Cursos de la Escuela de Verano de la UNED, y ha participado en numerosas jornadas y seminarios como conferenciante. Es autor de varios libros de poesía, teatro y relatos. Ha militado en los movimientos juvenil, pacifista y sindical. Ha intervenido en diversas iniciativas de Economía Social. Es empleado público, en excedencia, por oposición. Concejal socialista de Fuenlabrada desde 2003, actualmente es teniente de alcalde y concejal delegado en materia de Educación y Gobierno Abierto.

Entre su obras destacan, en poesía, *Vestida de estrellas* (2017), *Ninfas de arrebol* (2018) y *En nombre del árbol-nube* (2019), prologado por Ángel Gabilondo. *Menguante luz-Crecida sombra* (2020) es un poemario mixturado con algunos relatos cortos y microrrelatos. *Corazón de papel* (2021) y *Nube de mimos* (2022) son dos poemarios infantiles, que contienen nanas, poesías y una obrita de teatro de títeres. En novela de género fantástico es autor de *Crónicas de Ïe* (2021). Otros títulos son Tierra adentro (2022) y Vino a verme el diablo (2023) con prólogo de Francisco Manzanero. Ahora se adentra en el teatro con *Petra Ximénez* (2024), un drama en cinco actos.

Isidoro Ortega-López

Petra Ximénez

Drama en cinco actos, prólogo y epílogo.

A Rocío

Dramatis personae
(Por orden de aparición.)

AUTOR
FANTASMA DE PETRA XIMÉNEZ
PEPILLÍ
PAULA
MARIUNA
DIEGUITO
CORO DE LAVANDERAS
TÍA PETRA
DIAMANTINO
PRIMA 1
PRIMA 2
PRIMA 3
CORO DE SEGADORES
CARMELA
JUAN EL MILICIANO
HERMANA DE JUAN
ALCALDE MAYOR
OFICIAL DE DRAGONES
SOLDADO 1
SOLDADO 2
PADRE MERCED
SOLDADO 3
PELUQUERO
GUARDIA MARINA 1
GUARDIA MARINA 2
GUARDIA MARINA 3
JOVEN ZENÓN
PRESA 1

PRESA 2

CAPITÁN REY

PADRE RÁVAGO

CRIADO 1

CRIADO 2

MARQUÉS DE LA ENSENADA

ALCAIDE HERMANDINO

CUADRILLERO HERMANDINO 1

CUADRILLERO HERMANDINO 2

CUADRILLERO HERMANDINO 3

ROSELLÓN

COCHERO

COCHERO 1

GITANILLO 1

GITANILLO 2

ALCAIDE DE GITANAS 1

REINA

FARINELLI

MADAMA

BAILAORA 1

BAILAORA 2

BAILAORA 3

VEEDOR

ROSA CORTÉS

GITANA MALAGUEÑA 1

BENJAMIN KEENE

OFICIALA

MUJER POBRE 1

MUJER POBRE 2

CASPOLINA

MUJER POBRE 3

ALCAIDE DE GITANAS 2

PEDROLÉ ADOLESCENTE

GUARDIA 1

ALCALDE DE CORTE

VECINO 1

CORONEL

COCHERO 2

VECINO 2

PEDRÍN

NIÑO 1

NIÑO 2

NIÑO 3

FANTASMA DE DON ZENÓN

Prólogo

> *Tocan a muerto las campanas. La escena muestra una habitación, de gente de posibles, de finales del siglo XVIII, iluminada con velas y candiles. En la cama de dosel, un cadáver reposa con el hábito de franciscano. Entran el* AUTOR, *vestido con vaqueros y deportivas, jersey de cuello alto y una americana informal y una mujer fantasmal. Por detrás de ellos sobre una pantalla aparece una litografía de Genaro Pérez de Villaamil, mostrando la iglesia de Umanexos. Ambos rodean con respeto la cama del difunto y se dirigen a la pantalla.*

AUTOR
¡Qué sutil belleza la de este pequeño templo gótico-mudéjar! Muestra una avanzada ruina, pero su traza revela una calidad artística sobresaliente. Me encanta su aspecto califal, la sucesión de arcos polilobulados, las ventanas góticas, los arcos apuntados de herradura, cuyas ojivas parecen disparar al cielo, el follaje exuberante colonizando lo que una vez fue la techumbre. Lástima que de esta iglesia no se conserve nada. El paso de una carretera y los siglos la cubren por completo. La desmemoria y el olvido…

Fantasma de Petra Ximénez   La recuerdo menos rota. Veo unas figuras que se parecen a mi familia cuando teníamos nuestra casa allí. Tenías razón. La iglesia desaparecida es el mejor modo de explicar nuestra historia. ¡Llevo tanto tiempo queriendo hacerlo! (*Se acerca al difunto.*) ¿Es el Marqués?

Autor   Es su personaje, como tú, como yo. Estamos velándolo, justo antes de que se lo lleven al sepulcro de la iglesia de Santiago el Real, de Medina del Campo. Y no será la única vez…, pero bueno eso no toca ahora.

F. Petra X.   ¿Un personaje, quieres decir que no estoy viva? Pero si te veo y te oigo perfectamente. Vistes de un modo muy extraño, como si fueras extranjero. Pero por alguna razón veo que me tienes en tus manos y siempre me opuse a eso. Soy libre y zincallí, te guste o no. Además, si los del cuadro son mi familia como parece, tengo derecho a contar nuestra historia y tú debes facilitarlo.

Autor   Petra, eres el personaje de una obra de teatro. Un fantasma, pero tienes razón, aquí el que sobra soy yo. Hasta el difunto Marqués de la Ensenada tendrá que escuchar, durante su velatorio a solas contigo, todo lo que tienes que decirnos, a mí y a todo el público que nos contempla.

F. PETRA X.   Pero, personaje o no, el Marqués también
               está muerto, ¿no? El toque a muerto lo in-
               dica con claridad. Aun así, solo de verlo,
               me parece que tiemblo, no escribas que es
               de miedo, no te lo perdonaría.

AUTOR   *(Mientras sale alcanza a decir.)* No es de
               miedo tu temblor. Lo sé bien. Es solo mal
               tiempo. Estamos a dos de diciembre de
               1781 y en este templo de Medina del Cam-
               po hace un frío que muerde. Es hora de que
               tu voz nos cuente tu historia y se intente
               derrotar al olvido.
               (Recita.)

               España de lágrimas
               que nos maldijiste
               y excluiste.
               De tus arsenales,
               y tus astilleros,
               prisioneros.

               La inmisericorde,
               rica, indiferente.
               La indolente.
               La que uniforma
               la que ama la guerra
               y destierra.

               Negra patria negra
               que vuelves tu carne,
               carne de cañón.
               Con tu piel de olvido…,
               vida rota al son

de mil remos.
Gritos del azogue.
Palos, abandono
y encono.

Déspotas sin alma.
Plata ensangrentada,
despiadada.

Escuchad la historia
de otra gran traición.
¡Maldición!
Millares de víctimas
claman al país,
¿las oís?

(Cesa el toque a muerto. Se va haciendo oscuro sobre los personajes. La pantalla permanece con la imagen de la iglesia de Umanexos.)

Acto primero
Escena 1

A un lado del escenario, desplazándose poco a poco hacia un segundo plano, el FANTASMA DE PETRA XIMÉNEZ *se dirige al público.*

F. PETRA X.　Parece que lo revivo ahora. Ante mis ojos, las bestias, mulas y asnos, ramoneando…, el canto de las cigarras, el ladrido de los perros, percibo el viento ardiente en el rostro, la alegría inocente de la vida… Era treinta de julio de 1749. Un miércoles caluroso. Yo había ido a lavar al arroyo, una de las duras tareas cotidianas de la inocente vida.

(Sale.)

Escena 2

Con la imagen de la iglesia de San Justo y Pastor de Umanexos sobre la pantalla, empieza a sonar un compás por seguiriyas, cajón, palmas y zapateado intenso. El zoom acerca la imagen de una de las mujeres hasta dejarla de tamaño natural. Se apaga la pantalla y aparecen en escena el personaje de la litografía. Es Paula, *lleva de la mano a* Dieguito, *su hijo. Llegan al enorme arco de herradura que sirve de pórtico principal.* Dieguito *se va hacia los animales.*

Pepillí   ¿Quién va?

Paula   ¡Ce, buenos días! soy yo! ¡Qué calor tan agobiante! Menos mal que el agua del arroyo estaba bien fresquita. Este verano nos achicharramos, seguro.

(Entran dos calorros jóvenes, morenas y algo desaliñadas. Se limpian las manos de estar cocinando.)

Mariuna   ¡Ce, ¡Paula!

Pepillí   ¡Ay parienta, que guapa estás! ¿Has venido sola?

PAULA   No. He venido con Dieguito. Está ahí con los animales. Vengo a arreglar cuentas con vosotras. ¿Está mi madrina?

PEPILLÍ   (*Abrazándola.*) Dame dos besos. ¡Qué bien nos salió el Corpus! ¡Todos se quedaron pasmados! Los gigantes y cabezudos entusiasmaron y el baile de máscaras de después de la procesión, todavía mejor.

MARIUNA   (*Con picardía.*) Sobre todo, tu soldadito. ¡Ese sí que estaba entusiasmado! ¡Ay el soldadito!

PEPILLÍ   Ja, ja, ja. Mira que eres…

PAULA   Todo salió perfectamente, incluso mejor que en Carnestolendas.

MARIUNA   (*Ufana.*) ¡Toma, claro! Es que en ese carnaval no estábamos. ¡Nosotras somos gitanas modernas no gitanas tradicionales…!

          (*Todas se ríen y se sientan.*)

PAULA   ¿Y mi madrina? Tengo aquí vuestros dineros. (*Se lleva la mano al pecho.*) ¿Está o no?

PEPILLÍ   ¡Nuestro dinero!

MARIUNA   Se fue a lavar al arroyo con las primas. ¡Vamos, deben estar a punto de venir!

PEPILLÍ   ¡Qué calor este verano! ¡Ay, la comida!

               (Se va corriendo. Entra DIEGUITO *acompañado de un grupo de pequeños.)*

DIEGUITO   *(Suplicante.)* ¡Madre! ¡Quiero un perro!

PAULA   ¡Anda, mi bien! Id por ahí antes de que regrese la abuela y nos tengamos que ir, os acompaño un poco.

               (Salen.)

Escena 3

De la penumbra emerge una bruma que acompaña al FANTASMA DE PETRA XIMÉNEZ, *cuya voz en off habla sin aparecer en escena.*

F. PETRA X.   (*Voz en off.*) A lo lejos, oigo acercarse una cantilena de mujeres que vienen con canastos de ropa. Las veo desviarse hacia el aduar. Otras siguen su camino mientras canturrean.

(Aparece en pantalla un CORO DE LAVANDERAS, *que regresan con sus banastos.)*

CORO DE LAVANDERAS
Mariuna se va
al río a lavar
perdió su canasta
por un capitán,
por un capitán,
que vino a beber.
Mariuna no está.
Mariuna se fue.

F. PETRA X.   (*Voz en off.*) Mis ojos ven, como si fuera ayer, los movimientos cariñosos de las colas, al saludar a las lavanderas que regresan, hartas de trabajar, pero alegres. Las niñas jugando al corro y las demás mujeres que se levantan de las cajas en las que se hallan sentadas conversando. Aún me veo llena de vida, frisando la cincuentena con mi urraca al hombro… Demasiados recuerdos.

Escena 4

Es la hora de la siesta. Un calor calcinante sofoca el aire. Las cigarras tañen sus alas sin descanso. La madrina y PAULA *se han apartado un poco de la iglesia en ruinas para tener un poco de intimidad, bajo una higuera frondosa que les reporta sombra y frescor. La urraca da una voladita y se posa en una rama. Se desnudan y comienzan a asearse en sendos baldes.*

PAULA   (*Mirando al ave.*) ¡Li, qué bonita eres y qué fresquita está el agua!

     (*Se echa el agua por el cuerpo y se restriega.*)

TÍA PETRA   (*Mirándola de arriba a abajo.*) ¡Mira que estás delgada, muchacha! Mírame a mí. Con todos mis años a cuestas y aquí estoy, ¡ay diablo! ¡Más vieja y más pelleja!

PAULA   (*Sonriente.*) Siempre fui flaca, ni el parto ha cambiado eso. Solo algo más de caderas, barriga y pecho, pero el mucho andar y el poco comer no me dejan engordar.

TÍA PETRA   Nos iremos a primeros de agosto. Se nos acaba el trabajo de segar por aquí y subiremos de Castilla hasta Aragón hacia el norte, donde ya nos contrataron otros años para aprovechar el verano.

PAULA   ¿Os marcharéis todos, también con los animales, el carricoche y el otro carro o venderéis algo? Alcánzame esas maulas para secarme.

TÍA PETRA   (*Se sale del balde. Se pone un trapo de paño grande y le echa otro a* PAULA.) Hemos cambiado dos buenas yeguas, una buena yunta por una galera y ahí podremos llevar mucha más carga. En el cangallo caben menos cosas. Tenemos muy poco de todo, pero aun así… ¿Y vosotros?

(*Vuelcan el agua de los baldes y se sientan sobre ellos. La urraca se posa de nuevo sobre el hombro de la madrina.*)

PAULA   Mi marido sigue en la fragua. Como no es gitano le permiten ser herrero. Estamos pensando dejar el pueblo e irnos a trabajar a los astilleros. Hay mucha demanda de buenos oficiales.

TÍA PETRA   ¿Hasta el océano? ¡Ay diablo! Pero si siempre nos decías que nos avecindásemos… Dejar la vida errante y el aduar y que nos afincásemos, para que nosotros cumpliéramos las viejas leyes del rey Felipe. Tu marido el *satarré*, el herrero, tiene muchos

pájaros en la cabeza. Sabes que vinimos a
Madrid por ti.

PAULA   Madrina, están levantando nuevos arsenales en Cartagena, en Cádiz y en Ferrol. Se
van a construir muchos barcos y nos pagarán bien. El nuevo rey parece que quiere la
paz y con ella, llegará el pan.

TÍA PETRA   (*Moviendo la cabeza con desconfianza.*) ¡Reyes, reyes, ay diablo! ¡Pero se harán mu-
chos barcos…! ¡El sueño de pan y paz! No
me fío. Hace tres años, al morir su padre,
el *crallí* Fernando indultó a todos, menos
a los nuestros que siguen en el pozo del
azogue en Almadén…, no me fío muchacha. ¡Siempre soñamos con pan y paz!

(*Empiezan a vestirse.*)

PAULA   Todos necesitamos soñar, madrina… Y tenemos las manos fuertes. Los tiempos de
guerrear han quedado atrás, además nadie
que conozcamos está en las minas de azogue…, y las mujeres siempre queremos lo
mejor para nuestros hijos.

TÍA PETRA   ¡Ay diablo! Pero si se dice por todas partes que los ingleses quieren las colonias y
que antes o después habrá guerra. Y el rey
es Borbón, sangre con sangre con el de
Francia…

PAULA   La paz que firmaron el año pasado ha traí-
               do la neutralidad. Ni con Francia, ni con
               Inglaterra.

Tía Petra   ¡Chachipén, verdad! ¿Y la reina portugue-
               sa?

PAULA   ¿La reina portuguesa? He oído que sosie-
               ga mucho al rey. En Aranjuez se vive bien...,
               ya sabes las historias y chismes que nos
               cuenta la Parda: fiestas, carnavales, viajes
               en falúa por el Tajo, los conciertos de cla-
               ve con su maestro Scarlatti o con el Capón
               Farinelli..., no creo que tengamos guerra
               con Portugal. Se pondrán de acuerdo los
               reyes. Otra cosa serán los que están a la que
               cae o la madrastra del rey, que sigue ahí...

               (Llega DIEGUITO *corriendo. El ave se posa so-*
               bre su cabeza, lo que produce en DIEGUITO
               una inmensa felicidad.)

DIEGUITO   ¡Madre, madre, mira Li se me ha posado!
               Abuela: ¿Li significa libertad en *chipicallí*?
               (*La abuela asiente con la cabeza sonriendo.*)
               ¿Me puedo quedar con las primas? ¡Se van
               a ir a bañar y a pescar! ¿Puedo? ¿Verdad
               que sí?

Tía Petra   (*Extiende el brazo y la urraca se posa en su*
               hombro. Coge a DIEGUITO *de la mano condes-*
               cendiente y mira a PAULA.) ¡Anda, deja al pe-
               queño *chinorré*! Seguro que te deja, Diegolé.

PAULA   Vale. Pasaremos la noche aquí. Tu padre y
               yo acordamos que, si no estaba de regreso
               para comer, sería señal de que nos quedá-
               bamos a dormir y al terminar en la fragua
               se vendría a hacer noche.

               (DIEGUITO *salta de contento. Los perros se*
               ponen a ladrar, alguien llega.)

Escena 5

> Diamantino, *el herrero desalbarda su mulo, toma un botijo, se refresca y da una voz mientras se aproxima al grupo, que lo saluda con el brazo.*

Diamantino   ¡A las buenas tardes, *sastipén*!

Tía Petra   *¡Sastipén*, salud, qué buen mulo!

> *(Se acerca al mulo y lo acaricia.)*

Dieguito   ¡Padre! Me voy a bañar y a pescar con los primos.

> *(Se abrazan y se besan.)*

Diamantino   ¡Ten cuidado no vayas a ahogarte en el charcón, que, aunque sepas nadar, eres pequeño y es peligroso!

> *(Los niños hacen un corro y revolotean alrededor de* Diamantino, *canturreando: ¡o satarré, o satarré!)*

Prima 1   ¡*Sastipén*! ¡Con suerte tendremos peces de cena!

PRIMA 2   ¡No tema! Todos sabemos chapalatear y pescar con las manos. Menos el andoba que se queda aquí en el *chater*.

(Señala a un chiquillo.)

PRIMA 3   ¿Vienes del pueblo? ¿Has traído paloduz o chocolate?

DIAMANTINO   Un paloduz para cada uno y dos libras de chocolate para después.

(Reparte la golosina.)

TÍA PETRA   Diamantino, *sinarás estoriao*, vamos, muy cansado. ¡Dejadle en paz, *chavés*!

(Niños y niñas se alejan, toman sus aparejos de pesca y se van al charcón.)

PAULA   *(Abrazando a* DIAMANTINO.*)* ¡Mi amor! Has venido antes de lo que te esperaba, ¡cuánto me alegro! Salí esta mañana y ya echaba de menos tus besos.

DIAMANTINO   A mí me pasaba igual. Por eso me he dicho: ¿qué hago yo con este calor del infierno achicharrado en la fragua sin mi bella Paula y sin mi hijo? He preparado el jato y el aparejo y para acá con el mulo.

PAULA   *(Zalamera.)* Así que tú también me añorabas…

(Pícara, le aprieta las nalgas con las manos.)

DIAMANTINO *(Respondiendo con la mano bajo la falda de su mujer, que mirando a los lados se separa, indicando con señas que ya tendrán ocasión más tarde.)* ¡Pues claro! Por cierto, casi se me olvida. Uno de la milicia me ha traído una carta para tu prima… ¿Será de amor? Está entre la albarda.

PAULA Se la tendré que leer a mi prima, ella no sabe… ¡Prima, ven!

(Se dirige hacia el mulo. PEPILLÍ corre tras ella. Rebuscan y hallan un papel que se queda la prima con ilusión.)

TÍA PETRA *(Moviendo la cabeza y riendo como todos.)* ¡Ay diablo, los amores!

DIAMANTINO ¿Cuándo llegan los segadores?

TÍA PETRA En un rato estarán aquí. Hoy era su último día de trabajo por estas tierras.

PAULA Vamos a acabar el pisto de garbanzos para la cena, cuando quieras te leo la carta…

(PEPILLÍ asiente con la cabeza y hace un gesto con las manos indicando que será después.)

DIAMANTINO ¡Pisto! ¿Con huevos?

(Se relame.)

TÍA PETRA   *(Afirma con la cabeza.)* Sí, de garbanzos, y el pescado de los *chaborés*. Después brevas.

(DIAMANTINO *se vuelve a relamer y mira a la* TÍA PETRA. *Sale.*)

Escena 6

F. Petra X.   (*Voz en off.*) La tarde iba cayendo lentamente. Veo como si fuera hoy el calor remitir con desgana al llevarse al sol hacia poniente. Reinar en el cielo los arreboles por unos breves instantes. Y la luz crepuscular iluminar todo el aduar en una mágica combinación de sombra y luz. Oigo incluso la canción de siega…

(Aparecen en pantalla los segadores cantando.)

Coro de Segadores

Siego que siego la mies
gavillas que segó la hoz,
para que nos encontremos
afino el golpe de voz.
Siego que siego la mies
del derecho y del revés.

Recuerdo cuando te daba
caramelos con mis labios,
eran besos en tu boca
que llegaban sin pensarlo.
Siego que siego la mies
del derecho y del revés.

Toma la hoz que me brotan
las lágrimas de la mano

porque mi amor se lo lleva
aguacero de verano.
Siego que siego la mies
del derecho y del revés.

En soledad me ha dejado
vendaval que tumba trigos.
Doradas espigas muertas,
es pan del hambre, mi amigo.
Siego que siego la mies
del derecho y del revés.

Ay, dame la hoz que termine
este mar de pena y hambre
que es un mar que nos ahoga.
Ay, dame la hoz que lo acabe.
Siego que siego la mies
del derecho y del revés.

(*Se hace el silencio.*)

Escena 7

F. Petra X.   Todas las familias y los segadores se reunieron en el aduar. Los pescadores regresaron del charcón con sus ranas y sus peces. La armonía era completa. Paradójicamente, entre tanta escasez abundaba la alegría, rebosantes de felicidad. La iglesia en ruinas parecía una metáfora de lo efímero, de lo que siempre nos espera, sin saberlo, detrás de cada segundo perdido. En torno a la hoguera que iluminaba la oscuridad de una noche vestida de estrellas, todos, en corro, celebraban la vida. Me viene una alegre música de chacona. Oigo las palmas rítmicas, el rasgueo de un tiple y una bandola acompañando a la voz grave de mi Carmela, la mulata habanera, que atraviesa las sombras con su chorro de voz incontenible, cantando la Chacona Tuna.

   (*El* Fantasma *se retira a un segundo plano mientras todos los personajes repiten sin cesar:* ¡Singa, singa, música, música!)

Carmela   Tarantuna, tantantuna.
   Tantantuna, tantantuna
   que es la una, que es la una
   tarantuna en la laguna.

   ¡Baila Mariuna aletuna.
   Tarantuna, que es la una.

Tarantuna, tantantuna.
Tarantuna, tantantuna.

(*Sale* Mariuna *a bailar, haciendo molinetes con las manos.*)

Una folía aletuna
enloquecida en la banda
bailaba la zarabanda
alumbrada por la luna,
que se asomaba a la una

prefiriendo una chacona,
que le moviera la zona
con la chacona lobuna
desatada en la laguna,
¡baila chacona aletuna!

Tarantuna, tantantuna.
Tarantuna, tantantuna.

(*Todos bailan y acompañan con palmas. Se van sentando al compás de panderetas y sonajas. Sigue cantando* Carmela.)

Bombonera, bombón era.
Bombonera, bombón era.
Bombonera, bombón era.
¡Hale tuna chaconera!

¡Sal, Pepillí!, chaconera,
Bombonera, bombón era.
Bombonera, bombón era.

(Sale al centro del corro y menea caderas y hombros al compás.)

Bombonera, bombón era.
Bombonera, bombón era.
Bombonera, bombón era.
¡Hale tuna chaconera!

(La música y el baile se van apagando.)

Escena 8

F. PETRA X.   (*Desde un segundo plano.*) La noche respiraba bocanadas de aire caliente del día que se fue. Parecía abrazar con su oscuridad la escena. Los grillos estridulaban sin descanso, con sus patas y sus alas, salmodiando un baile de luciérnagas que revoloteaban juguetonas. En medio de tanto tiempo, percibo de nuevo entre sus relampagueos a dos sombras femeninas sentadas sobre una piedra con una carta en las manos y un candil. Son Paula y Pepillí.

PEPILLÍ   ¡Ven aquí, *abajiné* del candilón… léeme la carta! ¡Léemela! ¡Estoy en ascuas!

PAULA   Ahora te la leo, ¡estás en ascuas, pero deja que la abra, que no quiero romperla!

PEPILLÍ   No sabes cómo admiro que sepas leer y escribir. Casi nadie de los nuestros ha aprendido a descifrar esos senderos de hormigas alineados en el papel. Ni hombres, ni mujeres. ¡Te envidio! Envidia de la buena...

PAULA   Algún día todas las mujeres sabremos leer e incluso aventajaremos en las escuelas a los hombres. Haremos grandes cosas, no solo trabajar hasta deslomarnos en casa, parir hijos y aguantar maridos. Algún día todas seremos libres, felices y cultas, Pepillí.

PEPILLÍ   Eres una soñadora. ¡Abre la carta!

PAULA   ¡Tranquila! ¡Qué impaciente es el amor!

(Comienza a leer PAULA *y en escena aparece la imagen proyectada o desdoblada del sargento escribiendo la carta que le dicta el miliciano. Por el audio suena la bella y atrapadora voz de* JUAN EL MILICIANO.*)*

JUAN EL MILICIANO   *(Voz en off.)* Mi muy amada Pepi: Echo de menos cada segundo que no estás. Aunque siempre estás a mi lado, dentro de mí. No puedo olvidar cada momento que pasamos juntos durante el Corpus. Recreo en mi memoria cada beso, cada caricia. Miro el cielo y veo brillar a Venus, nuestro lucero, mucho más que el rojo Marte que hasta conocerte había guiado mis pasos. ¿Será porque te amo? Pepi, estamos inquietos y expectantes. Parece que vamos a entrar en acción de inmediato. No sé si será contra el inglés o contra el francés, alguno dice incluso que contra el flamenco o contra el portugués. No faltan enemigos a España… Tengo honor y no temo morir. Temo que me alejen de ti. (PEPILLÍ *escucha con pasión la carta. Al oír estas últimas palabras se tapa la cara con las manos para no desvelar sus emociones y su inquietud.)* Ya lo temí cuando me decías que os iríais al acabar la siega. Y ahora soy yo el que quizá parta. Hay nubes negras en mi alma y pesar por perderte… Si nos separan, no sé qué será de mí. Tú siempre tan alegre y libre, ¡cómo admiro la fuerza de esas dos palabras! ¡Libertad! ¡Alegría! Tenemos derecho a ser felices. No pido más. Y más aún, cuando solo me quedan seis meses para dejar la milicia. Dame noticias a través de tus parientes de donde os hallaréis para ir a buscarte y estar juntos. Esta campaña militar en ciernes, no creo que dure demasiado, ni siquiera creo que llegue a empezar, la neutralidad se impondrá por ahora. Sin embargo, ya lloro nuestra separación. Espero que sea breve. No te pongo más cosas porque al no saber escribir es el sargento, mi buen sargento, quien me la copia. Pero tú sabrás leer mis pensamientos, aun cuando nunca fueran escritos, porque estás en mí tanto como yo lo estoy en ti. Te quiero más que a mi vida, te camelo. Tuyo, Juan.

(Desaparece la imagen del sargento.)

PAULA Pepillí, está loco por ti.

PEPILLÍ Lo sé bien. Bailamos locamente un *mandingoy* muy atrevido durante el Corpus. Escapamos del bullicio como otras parejas y vivimos una noche inolvidable. Su piel era mi piel arropados por la luz de la luna.

PAULA	El amor es una fuerza que no hay guerra que consiga parar. Escápate con él...
PEPILLÍ	Por ahora es imposible. ¿A qué destino? ¿Adónde? Cuando sepa exactamente dónde estaremos, te lo haré saber y tú sabrás como hacérselo llegar.
PAULA	Por supuesto, salvo que el azar trunque nuestra voluntad.
PEPILLÍ	(*Se tapa la cara.*) El azar, a *sustirí*, el destino de todos.
PAULA	No. No hay un camino trazado. Eso es un bulo de resignación. Ningún camino está preconcebido por ninguna fuerza superior. Ni los poderes más grandes de la tierra, ni del infierno pueden garantizar que sus planes se cumplan. El azar reina, pero la voluntad también forja su camino, si halla la más mínima ocasión.
PEPILLÍ	Yo temo a la injusticia que propicia la mala suerte y el mal fario. Temo que maten a mi amor, a mi futuro. ¡Temo no verlo más!

(*Se levantan abrazadas y se van a dormir.*)

F. PETRA X.	El aduar estaba durmiendo. Camastros por todos lados. Jergones, catres sobre los que se ronca el vino, se reza quedo. Bajo las sábanas cuerpos sudorosos gimen de amor.

Todo era penumbra, el tiempo adecuado para que las salamanquesas busquen su tributo de indefensas polillas. Los perros anhelando partidas de caza y carne de sobra. Los hombres y las mujeres soñando con otro nuevo día y los cotidianos avatares. El sueño no es libre siempre. A veces es rehén de miedos y pasiones. A veces huye volando como un dragón y solo queda la vigilia. Como tras un cendal oigo de nuevo a los niños en sus jergones hablar entre susurros.

Escena 9

F. Petra X.   (*Voz en off.*) La inminente aurora trajo una brumosa mañana. Era una suerte de aviso de lo que se nos venía encima.

                  (*Una niebla espesa se extiende por la escena. Suena el chac-chac-chac de las urracas graznando sobre los brotes de higuera que copan el tejado, las partes altas de los contrafuertes y los pilares semirruinosos. Los perros gañen y gruñen alborotados, Han detectado la llegada de alguien conocido. Es la* Hermana de Juan, *el miliciano que llega corriendo.*)

Hermana de Juan   (*Se sube atemorizada por los perros del aduar en el carricoche. Desde ahí grita con el poco resuello que le ha dejado el miedo y la carrera.*) ¡Salid, salid! ¡Tía Petra, Pepi... corred, levantaos! ¡Ay, mi hermano, mi hermano! Salid, ¡por dios, salid!

                  (*Salen semidesnudos y espantados ante el alboroto.*)

Paula   ¿Qué pasa, qué pasa?

H. de Juan   ¡Se han llevado a mi hermano! ¡Y han ido a vuestra casa, a la fragua!

TÍA PETRA	¡¿Qué dices *pindorra*?! (*Espantando a los perros y acercándose a la muchacha que sigue jadeante y atemorizada.*) ¡Muchacha baja, que los perros no te harán nada!
DIAMANTINO	(*Saliendo de la iglesia desconcertado.*) ¡¿A nuestra casa?! ¿Quién? ¿Por qué?
PAULA	(*Aprestándose a bajarla del carricoche.*) ¿Dónde está Juan? ¡Habla, por favor!
H. DE JUAN	Llegaron anoche y se llevaron a mi hermano. Decían que tenía trato con gitanas y que no era de fiar. Que sus órdenes eran tajantes y que ya le explicarían en el cuartel. Él preguntaba por su sargento, pero no lo escucharon. Ni la justicia, ni la patrulla que se lo llevó arrestado.
PEPILLÍ	¡Ay, mi Juanuno! ¡¿Dónde está?!
TÍA PETRA	¿Y dónde está el delito? ¿Camelar a mi hija?
H. DE JUAN	Se lo llevaron. Entonces, los justicias se pusieron a alardear amenazantes, la calle arriba. Era un grupo con el alcalde mayor y un oficial de dragones a la cabeza, varios ministros de justicia y cerca de treinta soldados. Se dirigieron a la fragua de Diamantino. Decían que los problemas con los gitanos se iban a acabar para siempre. Yo lo vi

todo a escondidas. Cuando llegaron a vuestra casa y la vieron vacía y cerrada, forzaron las puertas y sacaron todo a la calle. El escribano que los acompañaba inventarió todas las cosas que fueron metiendo en sacos. Proferían todo tipo de insultos..., que no teníais derecho a venir a Madrid. Hablaban de robos, de canalladas, de falsas adivinadoras, incluso mentaban la magia negra, el canibalismo y tratos con Satán. Dicen que sois unas rastacueros y les enfada especialmente vuestra terca manía de hablar en jerigonza y no en cristiano...

PAULA   ¿El alcalde mayor? No me gusta un pelo. (*Aparte*.) Ese me la tiene jurada.

DIAMANTINO   ¡¿Canallas, caníbales?! ¿¿Nosotros?? ¿¿Es una maldita broma?? Se trata de un error...

H. DE JUAN   Decían de ti que haces trabajo de gitanos y que estás casado con una gitana. Te acusaban de ser no solo pardo, sino gitano.

DIAMANTINO   Yo no soy gitano. Soy herrero, aprendí de mi abuelo en Las Indias, que a su vez aprendió con un gitano... (*Dirigiendo la mirada a* PAULA.) ¿Se han vuelto locos?

H. DE JUAN   ¡Hay más!

PAULA   ¡¿Más?!

TÍA PETRA (*Con desesperación.*) ¡Me temo lo peor! ¡¡Meted a los *chaborés* adentro!!

H. DE JUAN ¡Vienen a por vosotros!

CARMELA Nosotros no hemos hecho nada. Hemos trabajado y nos han pagado. No hemos tenido ningún problema con la justicia, ni con nadie. Esto, como dice Diamantino es un error.

H. DE JUAN No lo es. Cuando vi todo lo que pasaba en la fragua, me fui a hurtadillas hasta el cuartel y llegué a tiempo para cruzarme con mi hermano. Iba encadenado... Lo abracé y el aprovechó para dejarme un mensaje al oído. Mientras lo llevaban detenido escuchó a un oficial que había orden secreta de detener a todos los gitanos. Es una orden general para todo el reino. Me lo dijo claramente: corre a avisarles, quizás estén a tiempo.

(*La niebla se ha ido disipando y los perros vuelven a ladrar, ahora más desesperadamente. A lo lejos, se oyen venir aullidos amenazadores y cascos de caballos.*)

Escena 10

F. PETRA X.   (*Voz en off.*) Llegó un contingente armado a detener a todos los gitanos del aduar. Se hacían acompañar de una jauría. No sabría decir quiénes se mostraban más feroces, si hombres o perros.

ALCALDE MAYOR   Sois los que dicen, Caracoles, ¿no?

TÍA PETRA   ¡Buenos días, señor! Soy Petra Ximénez, La Tía Caracola, así me llaman… ¿Qué se le ofrece?

(*Se adelanta a caballo un alguacil.*)

OFICIAL DE DRAGONES   ¡Aparta! ¿No hay hombres aquí, que nos contesta una mujer? y ojito con soltar ni una palabra en tu vil jerigonza. ¡Si lo haces lo pagarás con la vida!

TÍA PETRA   Señor, soy una mujer de respeto. Viuda desde hace cuatro años. Mi hombre se ahogó en Tolón… (*Aparte.*) Precisamente me lo condenaron a galeras por hablar la lengua de su madre, el *chipicallí*, el caló.

OF. DRAGONES   (*Amenazante con su pistolete en la mano.*) ¡Atad a vuestros perros de inmediato!

(*Obedecen.*)

ALC. MAYOR   (*Mostrando una carta y alzando la voz.*) Estáis todos arrestados por orden de Su Majestad, el Rey –que Dios guarde–. Se os acusa de gravísimos delitos. Se ha ordenado prisión general para todos los gitanos. De nada os servirá esconderos en la iglesia, que mancilláis con vuestra presencia, porque el Nuncio ha impedido que os podáis acoger a sagrado y escapar a la Ley. No habrá asilo, ni errores. Se ha ordenado vuestra extinción.

PEPILLÍ   ¿Dónde está mi Juanuno? Él siempre fue honrado y honorable con España y conmigo. Este rey no puede haber ordenado esto solo. Dio una amnistía cuando fue entronizado. ¡Esto no puede ser obra del Papa, sino cosa del demonio!

   (*Le azuzan los perros, para asustarla y someter al resto.* PAULA *y la* TÍA PETRA *la rodean para protegerla.*)

DIAMANTINO   (*Conciliador, se dirige al cabecilla del grupo.*) ¡Tengamos la fiesta en paz! Tú nos conoces. De hecho, anduviste detrás de mi novia antes de que ella me eligiera. Dijiste aquello de pelillos a la mar hace unas semanas cuando viniste a encargarme la fabricación de cepos y grilletes…, incluso querías que fuéramos socios… ¡Y somos cristianos, por dios! ¡¡¡Tiene que haber una equivocación!!!

Alc. Mayor   (*A* Diamantino *con desprecio.*) Ni eres cristiano viejo, ni soy tu amigo, ni jamás me ennoviaría con una rastacuera gitana. ¡Cumplo órdenes y tan a gusto! ¡Ea, aparta sucio pardo, arre!

F. Petra X.   (*Voz en off.*) Vi golpear a Diamantino con la hoja de la espada y derribarlo. Allí quedó tirado, inconsciente. Paula corrió a socorrerlo y también la vimos caer al suelo empujada por un guardia. Recuerdo como lloraba el aduar. ¡Cómo suplicaba!

Alc. Mayor   ¡Se acabaron las jerigonzas! Todos los gitanos, asentados o no, seréis detenidos. (*Implacable.*) ¡Ahorcad a los perros y azotad a la muchacha que vino a avisar para que escapara esta chusma!

F. Petra X.   (*Voz en off.*) Gritos, lamentos, sollozos, gañidos salvajes de los perros que olían el miedo y se veían ahorcar. Puro terror.

Escena 11

F. PETRA X.   (*Desde un segundo plano.*) La herida de Diamantino y la orgía de sangre del vesánico
ahorcamiento de los perros infundió tal de-
sazón y pánico en todos los miembros del
aduar como excitación salvaje en el grupo
armado. Tan enfrascados estaban que per-
dieron de vista un momento a Carmela la
Parda que salió huyendo campo a través,
no sin antes decirme que informaría de todo
a Antonio Rosellón, secretario del Marqués
de la Ensenada y que si la capturaban y no
lo lograba que le avisáramos nosotros. Yo,
por mi parte, temía por los niños y recor-
dé que siendo cofrade podría pedir ayuda
al párroco.

SOLDADO 1   (*Desenvainando su espada al ver huir a* CAR-
MELA.*)* ¡Se escapa la mulata!

SOLDADO 2   ¡Va hacia el arroyo, corred! La tengo a tiro.
¿Disparo?

         (*Cargando la carabina.*)

DIAMANTINO   (*Que ha despertado, se interpone entre* CAR-
MELA *y la carabina.*) ¡No dispares, asesino!

SOLDADO 2   ¡Aparta!

(Se oye una detonación y cae DIAMANTINO *herido de muerte.)*

PAULA   *(Corriendo a socorrerlo.)* ¡Ay, que me lo han matao!

(El aduar contiene el aliento y grita en silencio…)

ALC. MAYOR   *(Saca polvo de tabaco y lo aspira, con tos.)* ¡Cof, cof! ¿Alguno más quiere probar a qué sabe la pólvora? ¡Tú, suelta a los mastines, la despellejarán! Vosotros dos: recoged al herido y llevadlo en la mula al Hospitalillo.

F. PETRA X.   Dos guardas levantaron el cuerpo desmadejado y como muerto de Diamantino, que seguía desangrándose.

ALC. MAYOR   Traigo órdenes terminantes y dispararemos o aperrearemos a cualquiera que se oponga. ¡Os aviso: hemos traído los mejores alanos y mastines! ¡Soldados, ponedles cepos y grilletes! ¡Hombres a un lado, mujeres y niños hasta ocho años, al otro! Quitaos los anillos, los aretes y zarcillos de las orejas, las cadenas, todo el oro y entregádnoslo. También los carros, las mulas, los burros, ¡todo! A saber, a quién habréis engañado para conseguirlos. ¡Guardas!, entrad y sacad todo lo que haya dentro. Todo será inventariado y se procederá a su subasta, para menguar el coste de vuestra manutención y el resto de la operación. Lo manda su excelencia el marqués de la Ensenada por orden de S.M. el Rey, que Dios guarde.

F. Petra X. En medio del revuelo y el caos recuerdo perfectamente que le dije a Mariuna que le pusiera a Pedrolé una saya o mi basquiña. Si se lo llevaban con sus escasos once años…, ¡qué sería de él! Al final nos detuvieron a todos ante la mirada atónita cuando no cómplice de los segadores y lavanderas a los que conocíamos y con los que habíamos compartido pan y alegría. ¡Nadie movió un solo dedo! Oímos las voces imperiosas del oficial de dragones y sentimos los chasquidos de su fusta sobre nuestra piel al ponernos en marcha como cuerda de presos. La iglesia mudéjar arrojó su llanto en forma de sepulcral bruma que no viene del cielo, sino de las añejas tumbas enterradas en su suelo y del cementerio contiguo. Y como a nosotros a miles y miles en todo el reino, por orden de usía. ¿Por qué, por qué?

(*Se oyen los tercios de una toná honda, seca y triste. Oscuro.*)

Acto segundo
Escena 1

(*Una lenta percusión de palmas y cajón por bulerías acompaña el monólogo del* FANTASMA DE PETRA XIMÉNEZ. *En escena se muestra el tránsito de una cuerda de presos.*)

F. PETRA X.   (*En el centro de la escena.*) Tras un durísimo trayecto desde el aduar, por caminos polvorientos, los detenidos, niños incluidos, llegamos a la plaza pública del pueblo vecino. Allí nos juntaron con otros gitanos presos. Todo eran caras de incredulidad y miedo. A modo de cárcel habían habilitado un edificio de tiempos de Felipe el Piadoso y cuya obra se había demorado por cien años. Espacio concebido como prisión y como alfolí. Hasta que lo ordenó el alcalde mayor los detenidos permanecimos en la calle, a la vista de todo el mundo. Aherrojados por los tobillos, a la fuerza, separados por sexos, en dos cuerdas de presos. Una actuación extrema, tan severa como las empleadas para los más peligrosos delincuentes. Algunos, como Diamantino, estaban gravemente heridos por los golpes recibidos, todos doloridos por el roce de grillos y cadenas y con el alma rota por la sensación de injusticia e impotencia. Lo vivido y la incertidumbre nos tenía espeluznados y devorados por el espanto. En la calle se oían los ásperos matraqueos de un grupo de urracas acompasando el inventario de bienes confiscados que iba realizando un escribano. Con nuestros bienes subastados, nos repetían, se financiaría el coste de nuestra manutención y toda la operación. No faltaron las anotaciones exhaustivas con nuestros nombres y descripciones físicas para ser identificados en caso de huida. Finalmente llegó la orden y entramos en la prisión. De ladrillo sobrio. Escasa de superficie, estábamos hacinados por el número de presos y por almacenarse en esas fechas el cereal de diezmos. En medio de tanto dolor, una de las urracas no paraba de repetir, ¡Li, Li! Algún viandante al pasar junto a nosotros gritaba: ¡fuera los gitanos! y ¡viva el rey!

(*Se corta el taconeo al tiempo que se apaga la pantalla.*)

Escena 2

F. Petra X.	(*Voz en off.*) Fueron pasando las horas sin apenas comida ni bebida. El olor a sudor, orines y la falta de ventilación aumentaba la sensación de hediondez. Los niños necesitaban defecar y temían hacérselo encima. Una de las mujeres había menstruado. Necesitábamos asearnos, salir al pilón o que al menos nos trajesen unas cántaras de agua.
Tía Petra	(*En voz muy baja para no ser oídas.*) Los *chaborés* tienen ganas de hacer de vientre.
Paula	Madrina no digas ni una palabra en *chipicallí* que nos han puesto enfrente la cuerda tirante y nos pones a todos en peligro.
Tía Petra	Paula…, no tengo miedo, pero tienes razón. Lo podrían pagar los niños. Insistiré a los guardas. ¡Señor guarda, señor guarda, por favor! ¿Pueden venir?
Soldado 1	(*Se asoma a la mirilla y se tapa la nariz.*) ¡Qué mal huele ahí! ¿Os estáis cagando?
Paula	Los niños necesitan salir. ¡No aguantan más!

SOLDADO 1   ¡Hideputas! Si es que así no se puede. Aquí no cabe tanta gente. ¡Que aguanten un poco y no se lo hagan ahí! Voy a preguntar al alguacil. (*Se va. Se oyen voces y pasos.*) ¡Apartaos, vamos a abrir! ¡Ojo con intentar tonterías, al que lo intente lo ensarto como una aceituna!

(*Tras el ruido producido por las llaves, aparecen tras la puerta dos guardas, que arrastran un cuerpo desmadejado. El tercer guarda lleva la espada desenvainada en una mano y en la otra un balde.*)

SOLDADO 2   ¡Ahí os dejamos dos cubos de mierda, la dulce mulata Caramela o como se llame y el otro para que caguéis!

(*Dan un portazo y se van.*)

TÍA PETRA   (*Con voz ahogada y corriendo a socorrer a* CARMELA.) ¡Ay Debla, ay Debla!

CARMELA   (*Casi sin poder hablar.*) ¿Cómo está mi hermano?

TÍA PETRA   (*Negando con la cabeza.*) Se interpuso cuando te dispararon y recibió el tiro. No lo superó.

CARMELA   ¡Hijos de puta! ¡Malditos hijos de puta! (Llorando desconsoladamente.) Ha muerto por mi culpa. Debí dejar que me detuvieran. A lo mejor mi hermano seguiría con vida y mírame, aquí detenida y humillada… No he logrado escapar.

TÍA PETRA   No te culpes. El mal lo han causado otros. Dime, ¿dónde te capturaron, mi niña?

CARMELA   Huí por los campos. Tuve suerte de encontrar una yegua en el arroyo y la robé… Dame un poco de agua. Fui ocultándome por aldeas deshabitadas, primero fue Loranca, después Hormigueras, camino de Madrid. Sin embargo, las patrullas me iban a dar caza, así que di un rodeo por Polvoranca. Allí dejé la yegua y hui de noche a la ermita de San Marcos en Fregacedos, donde conozco al cura. Pero alguien me delató y no me pude acoger a sagrado. Después me maltrataron y me violaron.

(Las dos se abrazan.)

Escena 3

F. Petra X.   (*Voz en off.*) Se hizo de noche. Habían sacado a alguna de nosotras al patio porque en la celda nos estábamos ahogando. No nos atrevíamos a hablar en caló por las represalias. La cabeza no paraba de darnos vueltas y vueltas. Los guardas miraban a las jóvenes y aproveché para hablar con Paula.

Tía Petra   Paula, tienes que escribir a alguien pidiendo ayuda. Esto es una injusticia. Palos y más palos por no ser como ellos. Es peor que una injusticia, es una venganza. Esto no tiene sentido ni cabeza.

Paula   Nos llevan al abismo, pero no seas ingenua, ¿quién va a escuchar nuestras quejas? Mira lo que les ha pasado a nuestros hombres y a Carmela. ¡Ay, dios, ¡temo por mi hijo y mi Diamantino...!

Tía Petra   Lo soltarán y con él a ti y a tu hijo. La ley está de vuestro lado. Al no ser tu hombre *rom*, ninguno lo sois. Debes hacerlo valer, hija. Si estáis fuera podréis reclamar y ayudarnos.

Paula   Pero no nos escuchan. Solo quieren nuestros pocos bienes, nuestra fragua, vuestros animales. Y Diamantino está malherido, no aguantará un viaje largo y esta mala vida. Y no me dejan estar con él.

TÍA PETRA   Escribe una carta y se la haremos llegar a gente importante. Ese Antonio que decía la Parda y también al párroco. Me debe mucho, ya sabes que somos más que amigos. Él sabrá a quien acudir, los jesuitas tienen mucha mano y él se codea, o eso al menos me decía. Donde se cierra una puerta se abre una ventana.

PAULA   (*Entre sollozos.*) ¿Tú ves alguna ventana abierta? Esto es muy serio, todos vamos a morir, no tenemos escapatoria legal. No quieren escucharnos. Se quieren llevar a los niños mayores de siete años. Es inhumano… No veo salida… y además no tenemos pluma ni tinta…

TÍA PETRA   (*Silba y se acerca a los barrotes Li, la urraca que entra en la celda y se planta en su brazo.*) ¡Llevamos en estas tierras más de trescientos años! Somos tan españolas como cualquiera, ¡*zincallís serseñís*, sí señor! Algunos han querido acabar con nosotras por ser distintas, en todas las épocas. Pero siempre hemos sobrevivido. Ahora volveremos a conseguirlo. Usaremos todas las artes, todas las maneras, desde la ley hasta la magia y los muertos. Desde la honradez hasta el engaño. Renunciaremos a nuestra lengua, pero cantaremos y soñaremos en ella. Haremos lo que sea para salvar a nuestras familias de la separación y de la muerte. Y lo primero es no rendirnos. He cogido unos limones, exprimiremos zumo y la escribirás con él. Al ponerlo al fuego se podrá leer.

(*Se abrazan.*)

PAULA   Escribiré la nota, pero el problema será hacerla salir de aquí estando todos como estamos detenidos.

TÍA PETRA   Li la llevará. Es muy inteligente. Esta noche haré un conjuro para que recuerde mis palabras y volará como una paloma mensajera hasta la sacristía y allí dejará tu nota. Alguien debe saber que estáis detenidos sin ser gitanos. La pragmática es muy injusta, pero es contra nosotros, el pueblo gitano. Tu marido no lo es, así que a ti no deben aplicártela. ¡Hay que intentarlo!

PAULA   ¡Qué locura, qué locura!

(*Se va.*)

F. PETRA X.   (*Voz en off.*) La urraca revoloteó y graznó palabras en caló, junto a ella comenzó a pajarear la muerte en busca de Diamantino. ¡Pobres de nosotros!

Escena 4

F. PETRA X.   (*Voz en off.*) Li, hizo su trabajo y voló esa misma noche hasta la sacristía como si fuera una paloma mensajera, aún mejor, porque incluso le soltó al párroco las palabras «canguelo y ayuda a Tía Petra». A la mañana siguiente el padre Merced se personó en la prisión.

(*Desmonta de su mula el sacerdote, que se acerca sudoroso y colérico a los captores.*)

PADRE MERCED   ¡Por Santiuste y san Pastor! ¿Qué locura es esta? ¿Quién está al mando?

ALC. MAYOR   (*Se le acerca ufano y arrogante.*) ¡Buenos días nos dé Dios, padre! ¡Yo estoy al mando! (*Camastrón.*) ¿Qué se le ofrece a estas horas…, tan lejos de su parroquia?

PADRE MERCED   En otros lugares han ido casa por casa, pero vosotros…, ¡habéis profanado un lugar sagrado!

ALC. MAYOR   ¡Alto, padre! ¡Cuidado con las acusaciones a un servidor del rey!

PADRE MERCED   ¡Habéis sacado de la iglesia a esta pobre gente con malas formas! Miradlos, llorosos y heridos y ¡son cofrades! ¡Son mujeres y niños! ¿Y dónde están sus pertenencias?

Alc. Mayor   ¡Pare ahí sietemachos y deje de farfullar! Entérese de que hasta el Papa ha respaldado esta justa acción contra esa gentualla. Hasta ahora se estaban escapando por acogerse al asilo en las iglesias. Ahora se nos ha autorizado a entrar en sagrado y extraer a los gitanos. (*Saca un papel.*) ¡Lea el despacho del Nuncio! Ahora va en serio y no tendrán donde esconderse. No tenían que estar en estas tierras, son de nación gitana y la Pragmática debe ser cumplida. Si insiste vuesa merced, será obstrucción a la justicia y se informará a Su Majestad.

Paula   (*Gritando con todas sus fuerzas.*) Pido confesión, padre.

Padre Merced   Te escucho hija. ¡Guardas, suéltenle los grilletes para que pueda confesar!

Alc. Mayor   De eso nada. Solo la soltaremos de la cadena, pero los grilletes y los perros seguirán aherrojándola y que confiese a la vista de mis guardas, que no me fío de esta mugrienta. ¡Soltadla!

(Paula y *el cura se alejan un tanto del grupo para confesar.*)

PAULA   Padre, es un milagro o una obra del demo-
                 nio que la urraca de mi madrina pudiera
                 avisarle. Tiene que ayudarnos. Somos ino-
                 centes, no hemos hecho nada. Nos acusan
                 de ser gitanos y hasta de crimen nefando…
                 Pero ¡padre!, si mi marido muere que está
                 malherido en el hospitalillo y yo estoy en
                 prisión ¿qué será de mi hijo?

PAD. MERCED   ¿Tienes pruebas de tu matrimonio o fue
                 una boda gitana?

PAULA   Se llevaron todo. Han saqueado mi casa. Si
                 no está en los archivos de la parroquia, no
                 hay nada que hacer. Por favor, intente que
                 no se lleven a mi marido o morirá.

PAD. MERCED   Buscaré en los archivos. Pero necesitamos
                 ayuda. Conozco a un pariente del obispo
                 auxiliar de Toledo, Monseñor Quintano Bo-
                 nifaz… ¿Y sabes quién es el arzobispo? El
                 hermanastro del rey: don Luis de Borbón.
                 Si consigo hacerle llegar vuestro caso a mon-
                 señor Quintano, él lo elevará hasta S.M., y
                 si Dios quiere, este tenebroso asunto se re-
                 solverá…

PAULA   La hermana de mi Diamantino, Carmela la
                 Parda está herida. La han golpeado y la han
                 forzado al intentar huir. No cesa de decirme
                 que contactemos con Antonio Rosellón, el

secretario del Marqués de la Ensenada, quien según dicen todos por aquí es el artífice de este atropello. Por Dios, localícelo y que nos ayude. ¡Somos inocentes! (*El cura asiente y al ver que se le acercan los soldados pone fin a la confesión.*) *Ego te absolvo a peccatis tuis in nomine Patris et Filii et Spiritus Sancti.* (PAULA *se santigua y va con el grupo. El cura se acerca a la mula y monta.*) ¡Esto no quedará aquí! El poder terrenal no puede entrar en sagrado. Ni siquiera el rey, está por encima de Dios. ¡Recurriré al prelado, al obispado o al primado! Si no hay asilo, ni acogimiento estaremos abriendo las puertas del infierno. ¡Habéis pecado gravemente!

SOLDADO 1   (*Hablando por lo bajo con guasa.*) ¡Adiós páter! ¡Súbase las faldas, que se le van a llenar de polvo!

SOLDADO 2   ¡Caramba con el curita! ¡No defendió tanto a la Santa Madre Iglesia cuando se llevaron las campanas y todas las piezas de valor del templo de Santiuste y San Pastor al suyo! ¿No estará abarraganado con la Caracola?

(*Todos ríen.*)

SOLDADO 3   (*Al* ALCALDE MAYOR, *temeroso.*) Señor: a ver si luego nos pilla a nosotros en medio, este lío entre la iglesia y el rey y acabamos en el infierno o en manos del Santo Oficio. (*Aparte.*) Este por su venganza por las viejas calabazas de la Paula nos va a complicar la vida, ¡Dios no lo quiera!

ALC. MAYOR   ¡Qué lío, ni que lío! ¡Basta de palabrería! Las órdenes vinieron lacradas y estaban claras como el agua. Y las vamos a cumplir. ¡Vaya que si las vamos a cumplir! ¡Metedlos dentro, sin esperar a la noche! ¡Ya! ¡Los quiero dentro antes de que lleguen los demás detenidos y poned una cuerda fuerte en aquel árbol de enfrente, por si tenemos que poner a bailar, colgando por el cuello, a alguien!

(Entran todos arrastrando sus cadenas y su tristeza.)

Escena 5

CARMELA *está en un rincón de la celda. Delira por la fiebre. Sus miedos y sus recuerdos se entrecruzan. En su sueño* CARMELA *y el* PELUQUERO *de* FARINELLI *se encuentran meses atrás.*

CARMELA ¿Por qué, por qué? ¡¡Malditos bastardos!! Peluquero, haz algo, sal de mi sueño y sácanos de aquí. Porque estoy soñando. Todo esto no puede estar pasando. No puedo bailar para tu amo. Me duelen los palos. Me duele el alma.

PELUQUERO *(Mirándola desde otro lugar y otro tiempo irreal.)* Ahora que lo mencionas y antes de irte. Quiero hacerte una confidencia… (Bajando la voz y mirando a los lados por si acaso.) Le oí a mi *signore* que por las alturas se habla de enviar a todos los gitanos a las Indias.

CARMELA Sí me lo dijiste y yo te preguntaba, ¿a ultramar? Pero se han vuelto locos. Y todavía estoy dudando si esto es un sueño o es una pesadilla real.

PELUQUERO Tablada, Rávago y el marqués de la Ensenada. Locos no, están, pero poderosos, desde luego. ¡*Mon Dieu*, sí que lo son! Creo haber oído que lo han desestimado y que están estudiando una acción definitiva. Dile a tu gente que tenga mucho cuidado.

CARMELA   Tus palabras resuenan en mi cabeza. Por Dios haz algo peluquero, sal de mi pesadilla y no me recuerdes lo que me dijiste y no creí. Tú me avisabas y yo te hablaba de mi hermano y de mí. Ambos medio moriscos de Nueva España. Teníamos fe en el futuro, en el nuevo rey, en su deseo de paz. ¿Por qué no desconfié? ¿Por qué no supuse que hasta el Papa nos abandonaría?

PELUQUERO   (Aparece una onírica bruma a su alrededor.) ¡Buena suerte Parda, recuerda no faltar a nuestra cita con el baile! ¡Mi señor no me lo perdonaría, *Mon Dieu*!

(Sale.)

CARMELA   (Con sudores y espasmos.) ¡No te vayas! ¡No me dejes aquí! ¡Diamantino, Diamantino!

Escena 6

F. Petra X.   (*Voz en off.*) Fueron transcurriendo los días. No cesaban de llegar nuevos prisioneros, todos detenidos por ser gitanos, lo fueran o no. El hacinamiento era enfermizo en plena canícula en La Sagra. La escasez de comida y de espacio incrementaban la tensión y la represión.

Alc. Mayor   Aquí no pueden seguir. Hay que trasladar a los hombres, cuanto antes, a los arsenales y las mujeres al hospicio. Eso o habrá más muertos...

Oficial De Dragones   Al hospicio de la capital tampoco. Está lleno y no es seguro. Creo que lo mejor sería llevarlos a Toledo y desde ahí a Almadén o a Levante.

Alc. Mayor   ¡Eso he pedido a los de arriba, a ver si me responden! Según parece está a punto de llegar un contingente militar, con el capitán don Pedro Lagrava al frente desde su campamento de Carabanchel, para llevar a todos los presos gitanos de Madrid a Toledo. (*Bajando la voz y mirando que no vean el siguiente comentario.*) No sé si te he dicho que le he echado el ojo a la burra y el carricoche de estos... Pujaré en la subasta, me lo deben por la muerte de la burra que el año pasado le llevé a un albéitar gitano para que me la curara, me cobró y no lo hizo.

OF. DRAGONES (*Con malicia.*) Yo a la mulata. Quiero acabar lo que empezamos en el arroyo. Además, no creo que necesites ir a la puja. Apriétales aquí y te la venderán más barata.

ALC. MAYOR (*Riendo cómplice.*) Si se ponen a tiro...

OF. DRAGONES ¿Quién, la mulata o la burra?

(*Ríen y salen.*)

Escena 7

Se ilumina uno de los lados de la escena. En ella se muestra uno de los dormitorios de la casa del Marqués. Sobre la cama con dosel, don Zenón y una dama duermen desnudos tras una noche de tórrida pasión. Es una pieza ricamente ornamentada. En el lado opuesto se muestra el sueño del Marqués, reviviendo oníricamente, una vieja experiencia. Es una calle en Cádiz, muchos años atrás. Durante la fiesta del Corpus, ya de noche. Un grupo de jóvenes guardamarinas, entre los que se encuentra Zenón de Somodevilla, futuro MARQUÉS DE LA ENSENADA *está de fiesta por las calles en las puertas de una taberna, sillas y mesas a modo de terraza. Las jarras de vino corren de mano en mano, entre risas y presunciones.*

GUARDIA MARINA 1   ¡Menudo fiestón! Tabernero: una azumbre más de vino, que las jarras se han bebido estos cuartillos y ahora toca darles remate. ¿Qué sugerís? (*Se toca la entrepierna.*) ¡Vamos de putas, que esta me está hablando! ¡Más vino!

GUARDIA MARINA 2   ¡No tomes tanto vino o no se te levantará! Y vive Dios que espero que no se te levante, para tener más tiempo yo los remos.

(Gesticula con las manos, simulando remar, insinuando sexo. Risas generalizadas.)

GUARDIA MARINA 3   *(Golpea la mesa rítmicamente.)* ¡Deee puuutaaas, deee puuutaaas!

(Todos le siguen al compás.)

JOVEN ZENÓN   De putas no, que nos pegarán la sarna gálica.

G. MARINA 1   ¿La sarna gálica? ¿Y eso que es? Zenón, no me acojones. Explícate bien con ese mal de putas que no conozco. Yo solo temo a las bubas.

J. ZENÓN   La sarna gálica, el mal francés, el mal italiano…, las bubas ¡melón!

(Todos ríen, ante la ignorancia de su compañero.)

G. MARINA 2   ¡Chist! Tengo una sorpresa para vosotros…, he pasado por las cocinas y he cogido unas tripas de cerdo cojonudas. *(Aplausos generalizados.)* ¿Y ahora qué, Zenón?, con esto no hay bubas que valgan. ¿Vamos de putas o no?

J. ZENÓN   Yo prefiero las damas…

TODOS   *(Atropellándose unos a otros y entre risas.)* ¡Las damas! ¡Toma castaña! ¡Yo las marquesas!

J. Zenón   O las doncellas… *(Todos corroboran con la cabeza y con alcohólicos aspavientos.)* Voy a hacer aguas menores, que este vino aguado me pide aliviar la vejiga y os abandono que mañana hay tarea y no creo que santo Domingo haga un milagro conmigo y me haga el trabajo.

G. Marina 2   Zenón, ese era san Isidro, el santo perezoso al que los ángeles le araban la tierra mientras él dormía plácidamente.

(Todos ríen. Se oscurece la escena de la terraza de la taberna y se va iluminando la zona en penumbra en la que sigue soñando el Marqués. Adormilado, el noble se incorpora y se pone sobre un orinal a vaciar la vejiga. Regresa al sillón y sigue soñando con la noche del Corpus de muchos años atrás.)

F. Petra X.   *(Voz en off.)* Aquí empezó mi dolor. Un dolor viejo como las raíces de una antigua vid. El dolor de tantas mujeres. Recuerdo esa noche muchos años atrás. El futuro marqués se estaba sacudiendo tras orinar en la calle cuando me vio llegar con un hato a la espalda. Eran los vestidos que había usado durante el desfile del Corpus para el que me habían contratado en Cádiz. El joven Zenón me abordó con un «hola» de superioridad. Desconfié, pero su tono educado me tranquilizó. Al ver que era gitana, quiso conocer el futuro que le esperaba. Me ofreció dinero y me hacía falta. Nos sentamos en un poyo. Le cogí la mano y leí su palma. Antes de que pudiera decir nada, me vi rodeada de unos salvajes ebrios como cubas que bailoteaban a nuestro alrededor. El futuro marqués se soltó de mi mano y se alejó diciendo que esperaba que me salvara un milagro como cuando cantó la gallina asada allá en su tierra riojana. Los marineros me violaron uno tras otro, mientras me insultaban, como violaron a todo mi pueblo, el pueblo gitano en 1749. El dolor viejo, a pesar del tiempo, sigue imborrable como un alfiler clavado en los ojos. El mismo dolor siempre el mismo dolor.

(Se iluminan la escena de cama del marqués. Este despierta sudoroso y excitado. Mira a la dama que se encuentra a su lado durmiendo desnuda y se arroja sobre ella.)

Escena 8

F. Petra X.   (*Voz en off.*) Se respiraba agitación por la llegada del destacamento militar que iba a trasladarnos de Madrid a Toledo. Se cruzaban voces y órdenes para preparar la salida del contingente y evitar fugas. El sol mordía las tejas y las hacía hervir. Ese calor de agosto era asfixiante. Nos ahogábamos en un mar de flama. Seguíamos sin conocer si Diamantino estaba vivo o muerto. Pronto lo sabríamos.

                (El alguacil entra a las celdas de las mujeres pistolete en mano y escoltado por los guardias con las espadas desenvainadas. Al mismo tiempo el Oficial de Dragones *se dirige a la celda de los hombres.)*

Soldado 1   Prepara las cadenas y los grillos, ha llegado la orden de traslado. Salen en una hora.

Soldado 2   ¿Lo saben?

Soldado 1   Algo se huelen... aquí no se podía seguir. Me preguntó una y le dije que al Hospicio. Me dijo que le diera papel para escribir pidiendo ayuda. Están empeñados en que hay un error.

SOLDADO 3   Pobres, no terminan de creerse que el mismísimo rey haya firmado esta orden. No se atreven ni a parlotear en su jerigonza...

SOLDADO 1   ¡Natural, saben que les costaría la vida! Esto es algo muy gordo, de muy arriba. Ni más ni menos que el rey, el gobernador del Consejo de Castilla, el nuncio, el ministro... Por muy malos que sean, no quisiera estar en la piel de estos gitanos..., se me ponen los pelos de punta.

SOLDADO 3   Y encima Diamantino el herrero, ese pardo, ha muerto hoy y tengo que ser yo quien se lo diga a la viuda.

OFICIAL DE DRAGONES (*Regresando de la zona de los hombres. Al entrar en el área de las mujeres se las come. Ellas se cubren como pueden.*) ¡Ea, en pie! ¡Que nadie haga tonterías o aquí mi amigo escupirá fuego! ¡Se sale ya!

PRESA 1   ¡Con este calor? ¿Adónde nos llevan? ¡Mis hijos, mis hijos!

PRESA 2   (*Con desesperación.*) ¡Dadles agua a los niños, por Dios y algo de pan!

PADRE MERCED   (*Sudoroso y dando voces.*) ¡Capitán dejad que bajen! Hay un error. ¡Os lo suplico! Una de las presas no es de las Caracolas. Su marido, uno de los heridos, no es gitano.

No os lo llevéis. ¡Además, aquí tenéis la prueba de su matrimonio ante Dios!

(Muestra un papel.)

CAPITÁN LAGRAVA   Señor cura, el herrero está muerto. Haga su reclamación ante la Junta de Gitanos. Mis órdenes son claras, si hay algún error, allí se resolverá. Apartad, para no detener al contingente y quedad con Dios.

(Se oyen gritos desgarradores e insultos a los asesinos al conocerse la noticia de la muerte de DIAMANTINO. *Pero nada hace cambiar al* CAPITÁN LAGRAVA *que con la mano da orden de avanzar y espolea a su caballo, mientras el cura atónito los ve emprender la marcha espantado.)*

PAD. MERCED   ¡Petra, llevaré tu carta ante quien sea! ¡Os soltarán, seguro!

CAP. LAGRAVA   ¡En marcha a Toledo! ¡Andando!

F. PETRA X.   La noticia oprobiosa nos abrumó y los maldije a todos: ni el alcalde mayor por criminal, ni el gobernador del Consejo de Castilla, ni el marqués de la Ensenada, ni el propio rey Fernando, ni el mismísimo Papa seguirían en sus puestos por más de diez años. Si morían, mejor.

(Oscuro.)

Acto Tercero
Escena 1

Entra el rey en un salón iluminado con hachones de cera y repleto de relojes de la colección personal del monarca. Lo acompañan dos ballesteros. Tras un caluroso día de caza que ha terminado con la vida de una jabalina y dos jabatos, que habían hecho las delicias de S.M., ahora Fernando VI, tiene un humor de perros. El REY *está visiblemente enfadado. Está en uno de sus furiosos episodios que le acaecen con mayor virulencia cuando estando feliz, algo lo contraría. Hoy ha sido uno de los albéitares el causante de su disgusto. Le ha contado al jefe de los ballesteros y este ha informado al rey que han detenido a la hermana de su mujer y a toda su familia por gitanos. Y como ellos a todos los gitanos de su pueblo. Todos avecindados y sin problemas previos con la justicia. A partir de ahí ha conocido el terrible alcance de los hechos.*

REY   (*Soltando sobre un sillón la escopeta que porta.*) Llamad inmediatamente a Tablada, a Ensenada y a mi confesor. ¿Pero con qué autoridad se detiene a mi pueblo? Me dicen el Prudente. Y eso es por algo…, los voy a cesar. Los voy a desterrar. Los voy a… (*A voces.*) ¡Padre Rávago! ¡Padre Rávago!

(Entra el Padre Rávago, *confesor del rey haciendo una reverencia.)*

Padre Rávago ¡Aquí me tenéis, Majestad! ¿Qué os sucede que estáis tan alterado?

(El Rey *hace un gesto y salen todos, menos su confesor.)*

Rey ¿Cómo es esto que han detenido a todos los gitanos del reino? ¡Nadie, salvo yo, puede autorizar esa orden!

Pad. Rávago *(Dominándose.)* Fuisteis vos, Majestad. Vos firmasteis el decreto… Seguro que se trata de algún error. Dadme más información.

(El Rey *le mira echando fuego por los ojos y bajando los puños hacia el suelo con rabia e impotencia.)*

Rey Soy el rey justo. Vos y Ensenada me lo decís. ¿Y cómo he podido firmar semejante atrocidad? Parece cosa de mi augusto padre que Dios guarde, o más bien de su gentil esposa la reina Madre. *(Echándose las manos a la cabeza y yendo a poner en hora uno de los relojes.)* ¡Todos los gitanos del reino! ¡Qué locura! Yo solo quería acabar con los delincuentes y vagos que veo en la Corte y en Madrid.

PAD RÁVAGO — Majestad, tranquilizad vuestra conciencia, siempre habéis sido el impulsor de la justicia, la personificación de la prudencia. Serenaos, recordad que incluso el papa autorizó a sacarlos de sagrado. Todos estamos con Vuestra Majestad en hacer del reino un lugar piadoso y justo. ¿Quién os ha trasladado esta información, si puede saberse?

REY — *(De nuevo enfurecido.)* Me lo ha contado mi hermano el cardenal. ¡Van a rodar cabezas, padre! ¡Esto es un pecado mortal! O cae Tablada o cae Ensenada o ambos. ¡Esto lo quiero arreglado ya! ¡Criados, traedme algo que me calme y llevaos mi escopeta! Y que venga Doña Bárbara.

(Entran dos criados. El CRIADO 1 *recoge la escopeta del sillón.)*

CRIADO 2 — *(Portando una elegante fuente con vino y vasos.)* ¿Os sirvo vino de Malvasía, Majestad?

PAD RÁVAGO — Imagino que a vuestro santo hermano don Luis le habrá llegado de buena fuente…

REY — Así es. Del arzobispo de Farsalia, obispo auxiliar de la diócesis de mi hermano.

PAD RÁVAGO — Don Manuel Quintano, un hombre justo y sabio. Descansad Majestad, tomad en vez de vino una infusión de láudano, bien cargado de opio, os calmará más.

(El Rey *asiente con la cabeza y el criado se va con el vino y entra el* Marqués de la Ensenada, *impertérrito, con una infusión en la mano y hace una reverencia.*)

Marqués de la Ensenada   Majestad, me habéis llamado. Estaba trabajando en la Covachuela. Tomad una taza. Os la sirvo. Está caliente y os hará bien.

Rey   (*Toma un sorbo.*) Señor marqués, he tenido un disgusto enorme. Hoy, que había cazado a dos rayones y a su madre, realmente escurridizos, me habéis aguado la fiesta con la noticia de la detención de todos los gitanos de mis reinos. ¡Son miles!

M. Ensenada   (*Cínico e impasible.*) Majestad, castigadme como consideréis, porque vuestro dolor es mi dolor y aumentado un millón de veces por haberos contrariado. Haré penitencia en la cofradía de la Valvanera. Entendimos mal vuestro mensaje, cuando comentabais que había que limpiar el reino y Madrid de maleantes. Esta es la mejor corte del mundo, ni vuestro primo el cristianísimo en Versalles os alcanza. Estoy verdaderamente apesadumbrado. Siempre intento cumplir vuestras órdenes con total diligencia, como un leal soldado.

Rey   (*Algo mareado por la adormidera que ha tomado.*) ¿Dónde está Tablada cuándo el rey le llama? El gobernador me debe una explicación. ¡Todo el Consejo de Castilla me la debe!

PAD. RÁVAGO   Majestad os aseguro, que se cumplirá vuestra regia voluntad. Se reunirá la Junta de Gitanos y se repararán los enormes yerros producidos. Vos queríais actuar contra el crimen y solo los criminales pagarán. Descansad, no os convienen esos ataques de ira, son contraproducentes para vuestra salud, que es la salud de España. *(Dirigiéndose al marqués.)* Señor marqués, id a buscar a S.M. la reina y al señor Farinelli que están ensayando en la sala de los claves. La voz de su majestad, la reina, tranquilizará al rey. El Consejo de Castilla necesita alguien que lo gobierne conforme a otros parámetros, este no es el único embrollo de Tablada, sus desavenencias con las propuestas regalistas de Mayans muestran que Dios quiere que cambie de destino. De modo que le ofreceré el Obispado de Plasencia. Aquí no nos es útil.

(Sale el marqués, sonriendo para sus adentros y haciendo otra reverencia.)

REY   *(Recostado en un sillón, cada vez más drogado.)* Padre, no quiero que Dios me castigue por perseguir inocentes. Mi obligación como rey es proteger a mi pueblo de ladrones y malvados. Los que tengan delitos que los paguen, los que no, fuera. Que se les devuelva todo lo que se les ha confiscado y que sepa todo el reino que soy un rey justo. Quitadme de encima a Tablada de inmediato y que se nombre a otro gobernador. En cuanto a Ensenada, decidle que cumpla mis nuevas órdenes con la precisión de estos relojes, muchos de los cuales me los consiguió él. Se me ha pasado el enfado con esta infusión que me habéis dado. Pero ahora tengo sueño. Despertadme cuando lleguen mi esposa y Carlo.

(Sale el Padre Rávago, *haciendo una reverencia y persuadido de que le ha salvado el cuello al* Marqués de la Ensenada. *Se va pensando en cómo explicarle el cese, después de haberlo respaldado junto a Ensenada en ese plan para la extinción del pueblo gitano por el bien de España y para complacer al rey. Ahora le toca pensar en cómo persuadirlo de que acepte la propuesta del Obispado de Plasencia y en quién diablos lo sustituirá.)*

Escena 2

F. PETRA X.   Tras una dura jornada de viaje nuestra cuerda de presos llegó en dos carromatos a la prisión de la Santa Hermandad de Toledo. La tarde se estaba abalanzando sobre el Tajo. Pese a tanto desconsuelo, la vista resulta bellísima para las desgraciadas gitanas y sus familias. Los niños se asomaban al oír el estruendo de los batanes que aprovechaban la corriente del río. Ascendimos lentamente al interior de la ciudad con el capitán Lagrava a la cabeza. Un grupo de muchachos en Zocodover se divertían apedreando los carros y azuzándonos sus perros. Los guardias rieron la ocurrencia, pero los riñeron por miedo a que algún can soliviantase a los caballos. El carro que llevaba a los presos se quedó en Zocodover y el de las mujeres siguió camino de la catedral, muy cerca de la cual está la cárcel de la Hermandad Vieja. La canícula era sofocante. El hedor a basura, a heces y a orines era insoportable en algunos puntos del trayecto. Llegamos al fin a un edificio de tres plantas doblemente blasonado, con el yugo y las flechas y el escudo imperial. Junto a las columnas que sujetan el arco dos esculturas de cuadrilleros de piedra nos miran desafiantes. El capitán dio orden de descabalgar. Desalbardaron las mulas y nos hicieron descender con riesgo permanente de caer al estar encadenadas unas a otras. La pobre Paula, que había medio enloquecido al saber de la muerte de su marido y se había lanzado contra los guardias, iba a rastras y llevaba puesta una argolla al cuello para escarmiento de las demás. Al vernos llegar, salió a recibirnos del zaguán donde se ubica el cuerpo de guardia, un cuadrillero hermandino, no sin antes dar aviso al alcaide que tuvo que dejar su cena en el salón del tribunal y bajar las escaleras con rapidez.

(Sale.)

Escena 3

CAP. LAGRAVA (*Sacudiéndose el polvo del camino y dándo-le las riendas del caballo a un asistente que corre a llevarlo.*) Buenas tardes. ¡Que viaje del demonio! Con este calor sofocante y los llantos y gritos de las gitanas, hemos pasado las de Caín. (*Aparte, con retranca.*) ¡Vaya pedazo de misión y me la quería perder! ¿Por qué no me quedaría en Italia o en Orán matando enemigos? ¡Menos mal que no tengo que seguir hasta Cádiz con los presos gitanos, que si no…!

ALCAIDE HERMANDINO ¿Qué decís señor capitán de guerrear? Son tiempos de paz, de neutralidad. Nuestro rey Fernando, que Dios guarde, no desea otra cosa que la paz.

CAP. LAGRAVA Nada, nada señor alcaide, pensaba en voz alta. La añoranza del combate que no me la quita el traslado de gitanas. (*Sarcástico, cruza los dedos a su espalda para indicar que miente.*) ¡Francamente me encanta esta tarea!

(*Llegan más cuadrilleros que desenvainan sus espadas para custodiar a las cautivas.*)

CAP. LAGRAVA   Guardad los fierros. Son inofensivas y van encadenadas. Tan solo una ha perdido los estribos y quería ir con su marido porque la muy loca decía que no estaba muerto, que estábamos mintiendo. He tenido que ordenar que se le pusiera un collar de perlas del mejor hierro.

CUADRILLERO HERMANDINO 1   ¡Sin correr y sin pararse!

CUADRILLERO HERMANDINO 2   ¿Qué habrán hecho estás lagartas? ¿A quién habéis robado, ladronas? (*Aparte. Con lascivia.*) ¡Pero que teticas más jugosas me voy a comer!

CA. LAGRAVA   No han hecho nada. Esa es la queja amarga que repiten una y otra vez. Que si no hablan en su jerigonza, que, si no están casadas con gitano, sino con castellano viejo y que de acuerdo con el fuero del marido hay que dejarlas libres. Que si no eran errantes, que si se han llevado a sus hijos de nueve años a Dios sabe dónde… Que qué va a ser de sus animales y de sus casas… En fin, que dicen que siempre han cumplido con las premáticas y que Dios las ha abandonado. Y a fe mía, que en esto último no les falta razón.

ALCAIDE H.   Ja, ja, ja, sois gracioso, capitán. Subid conmigo al salón y daremos buena cuenta de unas jarras de vino de la tierra y de unos duelos con quebrantos que están llamándonos.

CUADRILLERO HERMANDINO 3 *(Hiriente.)* Mi señor, mejor esos duelos y quebrantos que los de esta chusma, ¿no?

(Todos ríen con la puya y suben a zancadas a beber comer.)

Escena 4

F. Petra X.   (*En las mazmorras. A un lado del escenario, desplazándose poco a poco hacia un segundo plano, el* Fantasma de Petra Ximénez *se dirige al público.*) Pasaron las noches y los días, sin apenas espacio. Aterradas por los gestos y miradas obscenas de los cuadrilleros. Las mazmorras tenían nombre, la Gloria, Valdeinfierno y el Purgatorio. La comida escaseaba y el mal olor era nauseabundo. Tampoco sabíamos qué había sucedido con los hombres. Solo que se los habían llevado al arsenal de la Carraca en Cádiz o a Cartagena. Nuestra angustia y perturbación iba en aumento al ver como íbamos cayendo enfermas en esos lóbregos sótanos sin luz, ni ventilación. Tal era la situación que pasó lo que tenía que pasar. En Valdeinfierno estábamos amontonadas.

Mariuna   Madre, Paula no despierta y Pepillí se niega a comer. Echa de menos a su miliciano. No está bien. Ya ni agua quiere beber. La Parda, tampoco.

Pepillí   (*Tumbada en decúbito supino y casi sin energías.*) Quiero que me devuelvan a mi Juanuno. Me importa un rábano si muero de enfermedad, de hambre o de una estocada de cualquiera de estos. (*Grita con sus escasas fuerzas.*) ¡¡Cabrones, qué le habéis hecho!?

TÍA PETRA   (*Acariciando la cabeza de* PEPILLÍ *para calmarla.*) Pepillí, él estará bien. Pronto lo verás y podrás abrazarlo. (*Se dirige a su hija* MARIUNA.) No remontan, creo que es tabardillo. Ahora nos toca cuidar de Diegolé, de mi Pedrolé y de Carmela, para que no enfermen también ellos. Si además descubren que Pedrolé es un niño de doce años se lo llevarán a trabajos forzados a los arsenales o de grumete a un barco y lo perderé también a él. (*Aparte.*) ¿Y nadie va a mover un dedo? ¿Qué habrá sido de las cartas y gestiones del padre Merced y de Antonio el amigo de Carmela la Esprejañí, nuestra Parda? (*A voces.*) ¡Ayuda, por Dios! ¡Guardias, por el amor de Dios, un poco de agua fresca para mi hija que se nos muere!

CUADRILLERO HERMANDINO 2   Ya os dimos la ración de pan y agua esta mañana, administradla bien y os durará y si queréis algún privilegio alguna de tus hijas tendrá que ganárselo.

MARIUNA   (*Hablando por lo bajo a su madre.*) Ya sé lo que quiere este. Si no nos dan agua pronto Paula y Pepillí morirán. Déjeme ir, madre.

TÍA PETRA   No hija. Iré yo. Este quiere puteo y lo va a tener. (*Dirigiéndose al carcelero desde los barrotes.*) ¡Guapo!, trae un balde de agua y mis yerbas de curación y tendrás tu premio.

CUADRILLERO HERMANDINO 2   ¡Anda, la vieja puta! Las hierbas se las dimos de postre a las bestias. Algunas siguen borrachas todavía. Voy a por tu agüita fresca... (*Con risa cínica, se aleja y vuelve con un cubo de orines que echa por encima de las prisioneras.*) Ahí tenéis el agua fresquita. Aprovechad que luego traeré más.

TÍA PETRA   (*Echando fuego por los ojos.*) ¡Jingalé! ¡Me jiño en tus sunacós, pirandón! Esto se ha acabado. ¡Fuera los vestidos! Quieren ver carne, pues se van a hartar. A desnudarse, todas, ¡ya! Este lugar se llama Valdeinfierno y haremos honor a su nombre. ¡De aquí saldremos mujeres libres o dengues muertas! ¡Que arda la cárcel como el mismo infierno!

(*Gritando a la vez con algarabía. Al mismo tiempo, van tirando sus ropas, que son poco más que harapos, a los barrotes ante la estupefacción del cuadrillero de guardia y los otros cuadrilleros que se acercaron al tumulto. Ninguno se esperaba un motín.*)

VOCES EN TODAS LAS MAZMORRAS   ¡Jingalés, jingalés! ¡Quemad la ropa, quemad este *pandibó*, el Purgatorio, quemad la Gloria, ¡quemadlo todo!

(Empieza a salir humo de la ropa quemada y prende el caos por toda la mazmorra de Valdeinfierno.)

Escena 5

La escena muestra el salón del Tribunal de la Santa Hermandad Vieja de Toledo. Ventanas abiertas tapadas con cortinas de estera que frenan la flamaza del verano en la Ciudad Imperial. Una mesa de despacho y dos confidentes. En la mesa trabajando el Alcaide Hermandino *y en uno de los confidentes uno de sus cuadrilleros de confianza, espera instrucciones.*

Alcaide Hermandino Estas gitanas llevan aquí más de dos semanas. Va a comenzar septiembre del año de nuestro señor de 1749 y no hay forma de traspasarlas a la Cárcel Real, que es mucho más capaz. Además, no han dejado de traernos prisioneras. Pasan de cien. Ya no cabe un alma. Se las tienen que llevar. Ni vía de resguardo ni leches. Házselo saber al Corregidor. Aquí no pueden seguir. Han incendiado dos veces la cárcel. Varias han muerto de enfermedad y por el humo. La situación es explosiva con estas mujeres bravías y rebeldes.

Cuadrillero 1 Señor alcaide, estoy yendo cada día a ver al Corregidor con vuestra justa queja y siempre me da la misma respuesta. Que él tiene la Cárcel Real llena de gente de leva y que quiere que el Marqués de la Ensenada acepte llevarlas al Alcázar o a una Casa de Misericordia. Señor alcaide, se dice en los mentideros del arzobispado de nuestra ciudad, que en unos días se va a reunir la Junta de Gitanos y que van a indultarlos. Que el rey ha escuchado las quejas del arzobispo. Quizás os las quiten sin tener que trasladarlas.

A. HERMANDINO No lo creo, barata es la mano de esta gente para los arsenales, como lo fueron en otros tiempos para remar en galeras. No creo que suelten a tanto maleante. Por otro lado, no quiero más excusas del corregidor. Que se las lleve y que luego arbitre la solución que sea con el señor marqués. Nos prometieron plata y dineros para pagar su estancia y no hemos visto un solo maravedí. Alguien se ha debido quedar por el camino con el producto de la subasta de los bienes de estas desgraciadas. Pero a esta casa, nada y somos nosotros los que estamos teniendo que pagar su manutención. Se tienen que ir. ¡Ve, te digo!

CUADRILLERO 1 Hay otra cosa. (*Nervioso.*) Hay una queja contra usía por no proteger a las gitanas. Han traído una carta de la Cofradía de la Caridad. Han sabido del lamentable estado en que se encuentran y dicen que no es propio de cristianos el tenerlas en esa situación, con el peligro añadido para su honra.

A. HERMANDINO   (*Furioso.*) ¿Honra las gitanas? Esa sí que es buena. La que no es ladrona es puta y la de en medio es las dos cosas. Ya sabes el dicho, quien se chinga a una gitana…

CUADRILLERO 1   Ni pierde, ni gana. Sí mi señor, lo conozco. Pero no os interesa poneros a mal con la cofradía. Ellos pueden interceder para que saquen de aquí a esa gentualla y ahorraros muchos gastos y disgustos.

A. HERMANDINO   Tienes razón en lo que dices. No eres tan tonto como pareces. Le dirás eso mismo al corregidor. Que la miseria y necesidad de esta gente puede hacer prender una nueva epidemia y llevarse por delante media población de Toledo. Que el corregidor eleve la queja al marqués y pida ayuda a la cofradía a ver si nos las quitamos de aquí. Por otra parte, (*Poniendo cara de baboso.*) súbeme a una de las presas que quiero hablar con ella en privado, ya me entiendes.

CUADRILLERO 1   Así se hará mi señor. Buscaré una belleza libre de bubas.

(*Salen riendo.*)

Escena 6

En el salón de la casa de la calle Barquillo del MARQUÉS DE LA ENSENADA. *En uno de los flancos de la pared arde un fuego en una chimenea abierta, sobre ella un retrato del marqués pintado por Amigoni. Enfrente, uno de los cuadros rescatados del incendio del Alcázar de Madrid, sucedido quince años atrás, al fondo un tapiz flamenco con imágenes insinuantes. Bellos Rembrandt se asoman desde las paredes. El mobiliario es muy suntuoso. Entra Antonio* ROSELLÓN, *el ayuda de cámara del* MARQUÉS, *con una carta en la mano y evidente nerviosismo. Abre la misiva y lee su contenido que lo deja muy preocupado.*

ROSELLÓN   ¡Maldita sea! ¡Qué pequeño es el mundo y cuán extraña es la diosa Fortuna! *(Vuelve la vista hacia la carta y la relee.)* Tengo que convencer al marqués… Espero que esté de buen humor porque el favor que necesito es grande. *(Se oyen pasos y entra el* MARQUÉS *acompañado de dos criados que le traen un set de camisas nuevas.)*

MARQUÉS DE LA ENSENADA   Dejad las camisas por ahí que me las he de probar en un rato y dejadme a solas con Antonio. *(Dejan las camisas con cuidado y salen haciendo una reverencia.)* ¿Hiciste todo lo que te encargué?

ROSELLÓN   Todo Excelencia. Y vos, ¿todo mejora?

M. ENSENADA   Todo va a pedir de boca. Míster Keene, ese gordinflón inglés que el cielo confunda, no para de quejarse al viejo cascarrabias de Carvajal, de nuestras actuaciones en la armada. Que si estamos incumpliendo el Tratado de Aquisgrán, que si no somos neutrales. Malditos ingleses, tendríamos que colgarlos a todos de un mástil o exterminarlos como a los gitanos. Gitanos que por cierto no paran de darme quebraderos de cabeza. ¡Tenía que haberlos enviado a las Indias! ¡Ni producen a la república, ni se mueren…, maldita raza…! ¿Qué querías decirme, Antonio?

ROSELLÓN   *(Inseguro.)* Eh… Esto… No sé si es el momento, señor…

M. ENSENADA   Desembucha, hombre. Eres de mi entera confianza. ¿Qué quieres pedirme?, que lo que tu boca no dice tu gestualidad lo explicita por completo. Ja, ja, ja. ¡Venga, suéltalo!

ROSELLÓN   Señor, tengo una deuda de gratitud con una persona. No es tan grande como la tengo con vuestra merced, que os debo la vida, pero debo pagarla…

M. Ensenada   Las deudas deben pagarse, mi querido Rosellón, es lo primero que se aprende en la
marina. ¿Y si tienes una deuda, cómo es
que yo debo pagártela y no tú?

Rosellón   Porque vuestra merced es el dueño de ella...

M. Ensenada   Déjate de circunloquios y seme franco, ¡Rosellón, que no tengo tiempo para mares calmos que esconden sargazos!

Rosellón   (*Sobreponiéndose a ser inoportuno en la petición.*) Sabe vuestra merced que fui acusado falsamente de francmasón y que el Santo Oficio me anduvo buscando las cosquillas, por algunas cosillas que hice antes de
estar con vuestra excelencia.

M. Ensenada   Interesante se pone la cosa, que tienes que
contarme de esa herética fraternidad, de la
que por cierto también participan, según
mis informantes, los técnicos ingleses que
nos ha proporcionado Jorge Juan. ¡Dios
mío, anglicanos y francmasones, trabajando por Su Católica Majestad! ¡Cuánto disimulo, cuánta plata y cuántos palos he de
evacuar para restablecer el poderío del Imperio Español, tan maltrecho desde Utrecht!
Pero, no nos perdamos, al grano, Rosellón,
al grano.

Rosellón   Gracias al buen hacer de vuestra merced,
las indagaciones no llegaron a nada y salí

indemne por ser considerada falsa la denuncia contra mí. Pero no todo era incierto. Fui francmasón muchos años atrás, vos lo sabéis porque no os oculté nada, y he mantenido el contacto con los *liberi moratori* de Nápoles, cuya ayuda nos ha sido útil como informadores alternativos a la red de la reina Madre. Pues bien, en aquellos años, el Santo Oficio realizó unas pesquisas que dieron con los huesos de un grupo de francmasones en sus cárceles secretas. Allí un buen amigo de allende los Pirineos coincidió con una pareja de panaderos franceses de Vallecas que habían sido detenidos por calvinistas. Fueron condenados a la hoguera, pero antes de ser quemados públicamente, le pidieron a mi amigo que se hiciese cargo de su hija huérfana. Como él estaba preso también me lo dijo a mí, pero cuando logré dar con su paradero, la niña ya no estaba allí.

M. Ensenada   Interesante se pone el cuento. ¿Y pues, qué sucedió?

Rosellón   A ello voy, excelencia. Los padres franceses, por si fallaba el plan de mi amigo, le hicieron la misma petición a una gitana que conocían de su pueblo y que siempre había jugado y estado cerca de la niña, incluso la llevó más de una y más de dos veces a la escuela. Con ella se fue. Esta niña, ya mayor, se casó no ha mucho tiempo con un herrero pardo venido de las Indias con su hermana, la bailarina a la que tanto admiráis por su gracia y su arte para el cante, Carmela la Parda.

M. ENSENADA   ¡La Parda! Pues claro que la conozco. Muy buenos ratos hemos pasado con su trup en el Corpus. Por cierto, Antonio, ¿no es con esta mulata con la que tuviste tus galanteos?

ROSELLÓN   *(Algo azorado.)* Sí, mi señor. La mejor de mis amantes. Pues he aquí el nudo gordiano que me trae a vos. Todos ellos han sufrido lo indecible con la prisión general contra los gitanos.

M. ENSENADA   *(Mirándolo con desagrado.)* ¿Otra vez los gitanos? Hace un mes S.M. el Rey me hizo llegar su disgusto, por algo parecido, a resultas de una queja venida desde el arzobispado de Toledo. Prometí resolverlo y todo se calmó con la convocatoria de una Junta de Gitanos. Ahí se resolverá lo que se tenga que resolver. *(Tajante.)* Pero no se pueden perder manos que estaban muertas y quebrando el bien de la república y que, gracias a esa Pragmática, ahora empiezan a cumplir con el reino en los arsenales. Bien sabes, Antonio, lo arduo que es construir una armada. Sin barcos no somos nadie y los vagos habrán de contribuir al bien común.

ROSELLÓN   (*Suplicante.*) Pero mi señor, ellos no son vagos, ni siquiera son gitanas y aunque lo fueran, no han hecho nada. Para colmo, el hermano de la Parda murió a causa de las heridas producidas durante su detención, según me cuenta el padre Merced, un cura francmasón en esta carta llegada secretamente.

M. ENSENADA   Divertido está el cuento. Tienes dos minutos para desmenuzarlo. Mis invitados están a punto de llegar para hablar de mi gran proyecto el Real Giro, que tan rico hará al rey. Para este momento histórico que luzca mi mejor cubertería.

ROSELLÓN   Carmela, la Parda es hermana de Diamantino, el herrero muerto, marido de Paula la niña francesa que crio una gitana llamada Petra Ximénez, la Caracola, junto a sus tres hijas.

M. ENSENADA   (*Recuperando el interés de repente.*) Detente un momento. Me suena ese nombre y ese apodo. Continúa.

ROSELLÓN   Todos fueron detenidos cerca de Getafe. El padre Merced intentó que no se les apresara pues estaban en sagrado. También alegó que le fuera de aplicación la ley del marido y que si el herrero no era gitano que su familia no fuera tomada por tal.

M. ENSENADA   Buen intento. Pero el nuncio me garantizó el éxito de la operación. De otro modo hubieran escapado todos los gitanos, acogiéndose a sagrado. Y por lo que me dices la muerte del marido anula el derecho de acogerse a no ser juzgada como gitana.

ROSELLÓN   Es que no es gitana, es hija de franceses calvinistas, criada, eso sí, por una gitana. ¡Excelencia, por caridad! Han sufrido lo indecible. De Getafe fueron a Toledo y allí están hacinadas las mujeres y los niños en la cárcel de la Santa Hermandad. Han muerto varias personas de tabardillo y de otras dolencias. ¡Hay que liberar a esta familia, excelencia!

M. ENSENADA   Déjame solo, aquí finaliza la audiencia. Y, por cierto, ya sabes mi máxima, en secreto y sin hacer ruido, discreción absoluta. No quiero que Carvajal sufra más de la cuenta, que aún ignora mis contactos con la Santa Sede, y la misión en Londres de mi buen amigo Jorge Juan. Miraré el caso con los responsables de la Junta de Gitanos, sin que lo sienta la tierra, y algo se podrá hacer. Ahora déjame descansar que la noche se presenta larga y feliz. Ve a supervisar que hay diversión asegurada y rincones secretos para encontrarnos con las damas.

(*Sale* ROSELLÓN.)

Escena 7

F. Petra X.   (*Voz en off.*) Un día de finales de octubre del 49, el alcaide me hizo llamar. Yo me resguardé de su mirada, hasta ver de qué se trataba.

Cuadrillero Hermandino 1   ¡Petra Ximénez, repito: a la que dicen Tía Petra, ¡la Caracola! ¿Dónde andas? El señor alcaide te busca. Tienes visita. Parece que habéis tenido suerte y un señor de la corte y un religioso han preguntado por ti. No te escondas y sal.

Tía Petra   (*Se asoma por entre las demás presas con miedo por si era uno de los juegos de los cuadrilleros que tan mal solían acabar. Se le agarra a los andrajos Dieguito.*) Aquí estoy. ¿Qué es eso de que me quiere ver el alcaide? ¿Es acaso el padre Merced quien ha venido?

Hermandino 1   No tengo ni idea de cómo se llama. Pero arreando y no hagamos esperar a mi señor.

F. Petra X.   (*Voz en off.*) Al subir las escaleras desde las mazmorras tuve una perspectiva completa de las tres celdas. Estaban abarrotadas de mujeres y niños. Todo estaba sucio e infecto y los lamentos de las moribundas, las enfermas y las enloquecidas mostraban un

paisaje sonoro igual de aterrador que el pa-
norama visual. Parecíamos la Santa Com-
paña en vida.

Escena 8

En el Salón del Tribunal de la Santa Hermandad Vieja de Toledo. Las miradas de los visitantes se vuelven hacia mí con estupor y compasión.

PADRE MERCED ¡Petra! ¡Dios mío, ¿qué han hecho contigo? ¿Cómo están las demás? ¿Y los niños?

ROSELLÓN ¿Y Carmela, está bien?

TÍA PETRA Paula y Pepillí no pasarán de esta semana… El tabardillo ha hecho estragos y no tengo mis hierbas. La Esprejañí, Carmela está muy enferma, no se ha recuperado bien de las heridas de sus captores. Las niñas están bien, todas más flacas y sucias, pero vivas. Con mucho dolor por Diamantino y por la injusticia que se nos está haciendo.

ALCAIDE HERMANDINO La Junta de Gitanos ha emitido un dictamen, tal y como era la voluntad de S.M. el Rey que Dios guarde, y todos los que acrediten su inocencia quedarán al punto indultados.

ROSELLÓN Hemos conseguido documentar la inocencia de Carmela y con ella la de toda su familia. Paula y su hijo también quedarán en libertad por no estar casada con gitano y ser de estirpe francesa. Con tu familia no ha habido manera de probar que estáis libres de delitos.

TÍA PETRA   Es propio del diablo, de los dengues.

P. MERCED   Seguiremos apelando por todas vosotras. No merecéis la cárcel. Sois inocentes, pero debemos demostrarlo.

TÍA PETRA   Extraña manera de hacer justicia, somos culpables mientras no demostremos lo contrario. Ser gitanas nos condena de antemano.

ALC. HERMAN.   No uses esa palabra en presencia de una autoridad. Es un término prohibido.

TÍA PETRA   Es sencillamente la verdad. No somos gitanas, así nos llamáis y de tanto hacerlo ahora lo dice hasta mi pueblo, pero nosotras somos *zincallís* y a mucha honra.

ALC. HERMAN.   (*Furioso.*) ¡Insolente! Esa palabra en tu jerga o jerigonza es todavía peor. ¡Habla en cristiano!

TÍA PETRA   (*Con dignidad.*) Me alegro de vuestra visita y de la liberación de la Esprejañí y de Diegolé. A Paula me temo que la libertad le llega tarde. No tengo miedo, señor alcaide. No vais a soltarnos. Ni a mí, ni a mi familia. Alguien con ánimo de venganza y codicia suprema nos ha jugado una mala pasada y va a seguir haciéndolo hasta que seamos libres del todo y paguen por su mal. ¡Y juro por la Debla, que lo pagarán!

(Abraza a modo de despedida al Padre Merced. *Él y* Rosellón, *avergonzados, bajan la cabeza. Saben de la inocencia de la* Tía Petra, *la Caracola.)*

Alc. Herman. El rey ha sido justo. Os tenía presos y si probáis no haber cometido delito alguno se os reintegrarán vuestros bienes, salvaréis la vida y saldréis libres. Si no podéis probarlo, os mantendremos en prisión o en el lugar que se determine. Como estos señores solo han traído documentos absolutorios para Carmela, la que llaman La Parda, es ella la que saldrá libre, junto a otras decenas de inocentes. Las demás seguiréis aquí y podréis aprender el oficio de la seda o trabajar en alguno de los telares de la ciudad. No hay más que hablar. Ve y se lo adelantas a tu gente. El pregonero irá después para oficializar las liberaciones nombre por nombre.

Tía Petra *(Con desolación.)* Gracias por todo, padre. Don Antonio, gracias también a su señoría. No se olviden de nosotros. Somos inocentes.

(Se cubre el rostro con las manos y sale de la sala. Suenan unos tristes y meláncolicos acordes de guitarra. Oscuro.)

Acto Cuarto
Escena 1

El MARQUÉS *se retrepa en su sillón favorito una pieza de nogal estilo Luis XIV y se queda dormido en escena. Sobre la escena se revive su sueño en un alarde de tramoya. A su alrededor se muestra la calle Barquillo de Madrid en junio de 1749, mes y medio antes de la Gran Redada. Sube S.E. el* MARQUÉS DE LA ENSENADA *con sus más lujosas galas a un bellísimo coche, cuyos remates dorados brillan como el sol. El tiro de guarniciones es de terciopelo verde, las riendas y remates de seda y oro. Todo nuevo y rutilante. Dentro, el habitáculo va forrado de terciopelo labrado de color carmesí, con siete cristales. El* MARQUÉS *debe regresar al Palacio de Aranjuez donde tiene despacho con el* PADRE RÁVAGO, *confesor del rey. El carruaje se pone en movimiento y se detiene ante el atasco provocado en una estrecha calleja, por el choque de un forlón y una berlina, que dejan los tiros de caballos por el suelo y una retahíla de gritos e insultos de los cocheros. Se asoma por la portezuela y habla con el* COCHERO.

MARQUÉS DE LA ENSENADA   ¡Calesero! ¿Qué diablos sucede?

COCHERO 1   Excelencia, un accidente. Parece que una gitana ha provocado el choque entre un forlón y una berlina, al acercarse a la portezuela de una de ellas para decir la buenaventura.

M. ENSENADA ¡Dad la vuelta y tomad por otra calle que no puedo llegar tarde a mi cita! Si es preciso sacad la fusta.

(Cierra la puerta y comienza a reflexionar sobre los problemas que le asaltan.)

COCHERO 1   Excelencia, no hay manera de salir por ahora. El atasco es de los más grandes que ha visto Madrid.

(Se oyen unos golpes suaves en la puerta del carruaje.)

M. ENSENADA ¿Qué quieres, cochero?

(Abre y ve a una gitana con manto y basquiña que, sin perder la sonrisa, le ofrece flores.)

TÍA PETRA   Señor, ¿un ramo de flores para su dama?

COCHERO 1   *(Alzando el látigo iracundo y jurando en arameo.)* ¡Largo de aquí o te peino las espaldas!

M. ENSENADA *(Cínico.)* Déjala. Quiero que me cante, me recite y me baile un paracumbé. Luego que me diga la buenaventura y que me deje ver la suya. *(Aparte, sonriendo malévolo.)* ¡Apuesto que será más bien mala ventura! *(Sarcástico.)* ¡A ver si vemos un milagro y la gallina canta después de asada como en Santo Domingo de la Calzada!

TÍA PETRA   *(Dando un respingo al oír esas palabras, que le traen un viejo dolor. Sin embargo, ni el embozo ni la alta alcurnia del personaje encajan en la cicatriz de su recuerdo. Tras un segundo de duda, descarta su presentimiento y se dirige al* MARQUÉS, *sin saber quién es.)* Señor yo no adivino leyendo las manos… Pero podría mentirle si me compra las flores… En cuanto a lo de bailar y cantar, no ha venido Carmela, la Parda, que se le caería la baba, si me lo permite su excelencia, viéndola bailar. El gurrumé o paracumbé que su excelencia me pide, no lo haré yo, pero en su lugar, le puedo recitar algunos versillos de una copla de Nueva España llamada cumbé.

M. ENSENADA   ¡La Parda!, la conozco. La vi bailar desde mi falúa el mes pasado. Una volcánica mujer, entre la Venus y el súcubo. En fin, tenemos algo de tiempo hasta que se muevan los coches. ¡Lee mi mano, recita tu copla y trae acá esas flores! Pero quítate el manto que vea tu rostro. *(Ella obedece y se echa sobre los hombros el manto, descubriendo su cara, que al Marqués le resulta lejanamente familiar.)* Yo te conozco… Nunca olvido una cara. ¿Has estado en Cádiz?

Tía Petra   *(Pálida, comienza a entonar su canción.)*
Una moza cantaba
cielito lindo
bajo la luna
bajo la luna
que su amargura daba
cielito lindo
daba amargura
daba amargura
Ay, ay, ay, ay

Recordad nuestros abrazos
cielito lindo
quedaos en Cádiz
quedaos en Cádiz
no toméis ese barco
cielito lindo
si es que me amáis
si es que me amáis
Ay, ay, ay, ay.

Llamadme de tú señora
cielito lindo
que aquí os espero
que aquí os espero
son eternas las horas
cielito lindo
sin vuestro cuerpo
sin vuestro cuerpo
Ay, ay, ay, ay.

El mozo tomó su barco
cielito lindo

muy de mañana
muy de mañana
para cruzar el Charco
cielito lindo
se fue a La Habana
se fue a La Habana
Ay, ay, ay, ay.

Galante con tus mil besos
cielito lindo
me enamoraste
me enamoraste
y me dejaste en cueros
cielito lindo
y te marchaste
y te marchaste
Ay, ay, ay, ay.

M. ENSENADA ¡Bravo! Y eso que decías no saber cantar…
¡Ahora tu augurio!

(*Le ofrece la mano, sin mostrar su faz bajo el embozo. Ella la toma y mira su palma.*)

TÍA PETRA Sois muy poderoso señor, se ve en vuestra mano y en vuestra vestimenta. Pero veo que algún día su excelencia pasará del gran todo a la gran nada, si no hacéis algo al respecto.

M. ENSENADA ¡Ja, ja, ja! Tienes gracia, gitana. Yo juego con mi propio título de modo semejante. Pero dadme vuestra mano que os lea vuestro futuro, que sin verlo me temo que será tan negro como boca de lobo.

Tía Petra   Su excelencia me perdone, pero no me ha pagado el ramo, venga el pago y venga la buena o la mala ventura que aquí la espero como la llevamos esperando desde que mi antepasado el conde D. Juan de Egipto Menor, entró a estas tierras con salvoconducto.

M. Ensenada   ¡Acabáramos, si la gitana dice ser de sangre hidalga! De África eres, egiptana.

Tía Petra   Excelencia, con perdón, según nuestros abuelos y tatarabuelos, Egipto Menor estaba Grecia, pero nuestras canciones hablan de mucho más allá, al oriente de Persia. Además, dice uno de nuestros proverbio que todo mendigo y todo ladrón tienen un rey por antepasado y todo crallí que es como nosotros llamamos al rey, por antecesor tiene también un mendigo o un ladrón.

M. Ensenada   ¡Algo lenguaraz y deslenguada, como los bufones de la corte! Sabe Dios de dónde venís, si no sois más que ralea, chusma o gentualla. ¡Ay, que pronto te cortarán la lengua!

Tía Petra   Excelencia, no me asustéis, que yo no sé de dónde venimos que, seguro que su excelencia está en lo cierto y la Debla que me lo dijo, solo era un sueño. Señor, yo solo quiero vender mis flores y dar de comer a mi familia.

M. ENSENADA   ¡Ea, no se hable más, toma tus flores y véndeselas a algún bellaco! *(Se desemboza y arroja las flores al suelo y cierra la portezuela del coche.)* ¡Vamos cochero!

COCHERO 1   *(Hace restallar el látigo.)* ¡Apartad, apartad!

TÍA PETRA   *(Espantada al reconocer el rostro del MARQUÉS, más viejo que su horrorizado recuerdo. Recoge sus flores del suelo y se echa a un lado para no ser atropellada.)* ¡Excelencia, me apenáis, sois más pobre y débil que yo, sólo tenéis dinero y poder, mas carecéis de alma! Me da escalofríos oír vuestra risa y vuestros pronósticos para con mi gente. Pero solo os haré un augurio: os sobreviviré, ¡lo juro por estas!

COCHERO 1   *(Se santigua varias veces contra la gitana.)* ¡Qué Satanás se te lleve, bruja!

M. ENSENADA   ¡Maldita gitana! Habría que exterminaros a todas. Solo saben dar problemas. Espero que el padre Rávago cumpla con su misión de confesor y firme su majestad. Nadie lo ha conseguido, desde que cruzó los Pirineos el primer Juan Greciano, ese. Me he empeñado en librar a este país de esta gente y si no van a las colonias, después del fiasco de Portugal, del que me informó su embajador, irán a los arsenales o a las minas de azogue. Resolveré para siempre esta molesta circunstancia y haré un gran bien al reino cambiando su vagancia por trabajo. Y por un misérrimo coste. Si para ello hay separar a varones y mujeres como plantea Tablada, pues así habrá de ser.

Cochero 1   ¡Arre, arre!

(La gitana huye por una callejuela y tras ella volando su inseparable urraca. El Marqués *sigue su sueño.)*

Escena 2

F. Petra X.   (*Voz en off.*) Por aquel entonces estabas en tu máximo apogeo. Habías conseguido finalizar más de cuarenta navíos artillados. Los ingleses estaban al tanto de ese rearme y protestaban contra ti a cada momento. El precio en coste humano en levas de vagos y aprisionamiento de gitanos era altísimo, pero no te importó. La razón de estado. Eras don Zenón, el que estaba en todas las salsas. Estabas ufano, la firma del nuevo concordato con la Santa Sede, el catastro, el real giro, los equilibrios entre golillas y manteístas, la relación con los jesuitas, el palo de Campeche favoreciendo a España, frente a los ingleses. Plata por todas partes. Todo pintaba para ti estupendamente. Al mismo tiempo, veo con claridad el día que llegamos a Zaragoza después de pasar un infierno en Toledo y de ver morir a mi hija Pepillí y a mi querida Paula. Tras pasar por la cárcel de la Aljafería nos trajeron a este lugar. Los fríos de enero, con la humedad del Ebro que se nos metía en los huesos, nos hizo enfermar. Recuerdo un día en la luna, nuestro patio. En el centro un cepo. Ya era mayo de 1752, casi tres años de penalidades y encierro. Veo las cabezas asustadas y doloridas de dos *chaborés*.

(Se ilumina la escena y aparece un patio con unos edificios de adobe que lo circundan. En el centro un cepo doble y dos niños en harapos, el pelo ralo, la cara picada de viruela y desesperados por la mortificación del castigo de estar atrapados por el cuello y las muñecas y por los picores de la sarna.)

GITANILLO 1   No sé cómo pudimos ser tan descuidados, teníamos que haber vigilado mejor al veedor y nos habríamos ahorrado esto… ¡Isna, que piqueras, tengo!

GITANILLO 2   ¡Chitón, no digas isna, di ay!… A mí, además del comecome, me rugen las tripas como si tuviera una fiera dentro. Es el mucho penar y las hambres. Dicen que agudizan los sentidos, pero no tanto como para saber que en esta casa también vigila el portero.

GITANILLO 1   Perdona se me ha escapado sin querer… Es que vi la media libra de pan de centeno y no me pude resistir. ¡No puedo con esta picazón…, y sin poder rascarme!

GITANILLO 2   Por lo que dicen los que recogió el carro de pobres, semanas antes de trasladarnos a nosotros, mucho peor que este cepo es la golilla de madera. Si te la ponen al cuello te crees ahogar y además no paras de trabajar…, aquí al menos descansamos.

GITANILLO 1 ¿Sabes de lo que me estoy acordando? De los baños en la charca. Con mi padre y mi madre y con todos vosotros. Me imagino que este cepo es de agua y nado y nado en libertad y oigo el croar de ranas y el trino del colorín.

GITANILLO 2 ¡Qué buenos tiempos! Hace tres años que empezó esta pesadilla, los más largos de mi vida y desde entonces solo nos persigue la muerte y la pena. ¡Pero saldremos adelante!

GITANILLO 1 Mira mi pobre madre. Casi se volvió loca cuando se enteró de lo que le hicieron a mi padre.

GITANILLO 2 ¡Ya! Dicen que lo mataron cuando se sumó al motín para intentar escapar.

GITANILLO 1 No olvidaré su cara cuando nos separaron. Él intentó convencer a los alguaciles de que era un gitano afincado, que tenía derechos y que había un error, pero se lo llevaron diciendo que cumplían órdenes y que algo habría hecho. No supimos nada de él, hasta que nos contó una pindorra que lo habían ahorcado en el motín de la Carraca.

GITANILLO 2 ¡Hijos de la cabra! ¡Cuánto padecimiento! Algún día lo pagarán caro…

Gitanillo 1   Eso dice la Tía Petra que cumplamos nuestra promesa de no olvidar lo que nos ha sucedido. La injusticia que hemos sufrido no
tiene nombre. Ella siempre reclamaba que
éramos castellanos, como su marido, pero
ni aun así, los papeles de la boda no apare-
cieron y no pudimos salir con el decreto de
octubre. No atendieron nuestra petición, ni
se apiadaron por ser yo huérfano y ella viuda. Alguien ha querido que no saliésemos
para poder quedarse con la fragua y con todo.

(Entra subrepticiamente el Alcaide de Gitanas *con una correa en la mano.)*

Alcaide de Gitanas 1   ¿Qué andáis mascullando bribo-
nes? ¿Hablando mal del rey o de la Santa
Madre Iglesia? No habéis tenido bastante
con el cepo, ¿no?

Gitanillo 1   ¡Perdón señor, solo hablábamos de las piqueras que tenemos y el malestar de no po-
der rascarnos!

A. Gitanas 1   Acabáis de llegar y no sabéis como me las
gasto, así que… *(Comienza a azotarles el
trasero con la correa.)* no decíais nada malo.
¡Embusteros, estirpe de embusteros! No
necesito oíros para saber que estáis incli-
nados al mal, así que, si no habéis dicho o
hecho bellaquería alguna, aparte del robo
de pan, recibid vuestro pago para cuando
lo hagáis.

(Los niños, patalean como pueden, inmovilizados como están por el cepo. A los gritos de dolor y espanto acuden cinco gitanas con la Tía Petra Ximénez *al frente.)*

TÍA PETRA   ¡Para desgraciado, que los vas a despellejar!

A. GITANAS 1   ¿Alguna queréis catar la correa también?

TÍA PETRA   Déjate de fachendas. Ya podrás. Solo son niños. ¡Tendría que darte vergüenza! ¡Suéltalos, o…!

A. GITANAS 1   ¿O qué? ¡Delincuentes! Eso es lo que son y los voy a enderezar como una vela, sobre todo la niña mayor que parece un marimacho. Cuando se los lleve la leva estarán enseñados. Os voy a dar un par de «perdones más».

(Los azota de nuevo.)

GITANILLO 2   ¡Ay, ay!

F. PETRA X.   *(Voz en off.)* Nos abalanzamos sobre el alcaide. Le quitamos la correa y le dimos de palos hasta que cayó medio muerto. Entonces fuimos al cepo a curar a los dos chavales que no paraban de sollozar. Al lío vino el veedor con unos soldados que nos apuntaron con sus armas. Nos desnudamos ante ellos y los desafiamos a disparar y si no tenían redaños que liberaran a los pobres

chicos. El veedor, taimado, aceptó a rega-
ñadientes, pero a cambio de que entrásemos
en el pabellón en obras en el que tenían a la
pobre Caspolina. Allí nos encerraron a todas con los niños heridos también.

Escena 3

MARQUÉS DE LA ENSENADA   Os ruego que reflexionéis respecto a Inglaterra. Insisten en piratear nuestras costas en las Indias. No dudarán en aprovecharse de cualquier debilidad que tengamos en las colonias. Las anhelan.

REY   Marqués, ya os he dicho que no haré nada que nos haga entrar en guerra con Inglaterra. No quiero comprometer la paz y la prosperidad de mis reinos. Nuestra alianza con Francia es firme, pero tampoco seré una especie de virrey de España. Paz, paz y más paz. Y ahora, comencemos la partida de naipes, que ya es hora de divertirnos un poco.

REINA   Sí, que la música y el juego son más amenos que la política. Farinelli, cantadnos algo, por favor, que vuestra voz nos alegra el alma.

FARINELLI   Como deseéis, majestad. Os cantaré una canción italiana, que habla de amor y de paz.

(FARINELLI *empieza a cantar, mientras el* MARQUÉS *se quita la peluca para estar más cómodo, el* REY *sonríe complacido, y la* REINA *lo mira con admiración.*)

M. Ensenada   Por cierto, majestad, tengo un obsequio para S.M. que me ha hecho llegar el marqués de Superunda, desde el virreinato del Perú. Es un toisón de oro, guarnecido de rubíes y diamantes.

Reina   *(Yendo a por el toisón.)* ¡Qué belleza! ¿A qué esperabais para dárselo al rey, señor marqués?

M. Ensenada   Y no es el único, también traigo regalos para vos majestad y para mi *charissimo* amigo. *(Les muestra dos cofrecitos.)* También son regalos del virrey, mi buen amigo y vuestro siervo.

(Farinelli y la reina miran sus nuevas joyas deslumbrados.)

Rey   Generoso ha estado el virrey. Vos, marqués tan atento siempre. Vayamos pues a las cartas, que estoy de humor para jugarme ese toisón contra vos. Y os prohíbo dejarme ganar. Que decida el azar. Por cierto, Zenón, seguid con el aumento de nuestra flota…

(Todos ríen.)

Escena 4

Una cámara para hacer la toilette. Los muebles, un bargueño, dos sillones de estilo rococó, una mesa sobre la que se asienta un espejo y varios soportes con pelucas blancas y grises. En los anaqueles, varios tarros de polvo de almidón de arroz, números frascos de perfumes y un par de capirotes de papel para proteger el rostro del empolvado. Aparece el PELUQUERO *de* FARINELLI.

PELUQUERO   ¡Qué éxito, *mon Dieu*, qué éxito! (*Da una voz hacia fuera.*) ¡Entrad, entrad! ¡Que suenen esas palmas! *¡Mon Dieu, quel succès!*

(*Entra* CARMELA, *la Parda, autora de danzas y su troupe gitana, con las orejas horadadas, al toque del tiple y las panderetas.*)

CARMELA   ¿Les ha gustado?

PELUQUERO   Farinelli está sumamente complacido. Me lo ha contado momentos antes de posar para *Monsieur* Michel, el escultor real. A los reyes también les ha sorprendido gratamente. Mi *signore* me ha dado esta bolsa para vosotros. Sabía que eras la mejor. Y eso que llevabas muchos meses sin aparecer por

aquí… (*Les arroja una faltriquera, que* CAR-
MELA, *mueve y sonríe al escuchar el tintineo
de las monedas.*) El baile demoníaco, ese
que danzasteis después de las guarachas y
el zapateado, les ha vuelto locos sobre todo
a las damas de la reina, que fueron las que
lo habían pedido Se les iban los ojos a las
marquesas. Hoy la fornicación de la corte
ha sido vuestra, ¡*mon Dieu*, había más agua
bajo las faldas *des robes à la française* en
plena cubierta que en el Tajo, pensé que se
hundiría la falúa... En cualquier otro lugar
la inquisición os habría llevado a la hoguera. Pero hoy estaba todo permitido.

CARMELA   (*Hierática, pese al torrente de recuerdos.*) Por
cierto, no solo eran dineros lo que se me
debía. Recuerda que te pedí guantes de seda,
de buena calidad, las mantillas y unos buenos zapatos.

PELUQUERO   Lo sé, pedigüeña. Hasta un juego de basqui-
ñas os he preparado, que algún petimetre
habrá que quiera quitároslas despacio. Ja,
ja, ja. Parda, ¡cuál es tu nombre de verdad?

CARMELA   Me llaman la Esprejañí, también la Parda.
Pero me llamo Carmela. Ese baile del que
hablabas se llama Mandingoy… No sabía
si nos verían desde las barcazas. Luego se
acercaron para varar en nuestra orilla. En
ese momento tocamos y bailamos como
solo se hace en La Habana. ¡Incluso mejor,

al hacerlo con la magia de mi troupe gitana! Este baile invoca la vida y la muerte, como el vudú. Y de eso quiero hablarte, de vida o muerte.

PELUQUERO
(Sorprendido por esta última frase lo ven quitarse el peluquín blanco con rodetes y limpiarse el polvo de arroz. La troupe se queda atónita al ver su pelo ralo.) Ahora me explicarás eso. Yo no solo os he llamado para pagaros vuestros servicios, habéis complacido tanto a mi señor que quiere encargaros otro trabajo…

CARMELA
¡Estupendo! Si la bolsa es buena hallaremos tiempo. *(Aparte.)* Si conseguimos suficiente dinero quizá pueda lograr lo que no pude en Toledo. Sacar a mis amigas de la Casa de la Misericordia de Zaragoza.

PELUQUERO
Mi señor quiere revitalizar las fiestas, no solo con ópera, dicen que la Corte debe recuperar otros juegos menos…, inocentes. ¿Sabéis jugar al Impávido o a la Gallina Ciega? En tiempo de S.M. el rey Felipe el Impávido era el juego soberano, lástima que el nuevo rey, que Dios guarde, sufra de vapores y no sea como su padre en eso.

CARMELA
¿El Impávido? No tengo ni idea. La Gallina Ciega es un juego infantil. Pero como todo dependerá del precio que estéis dispuestos a pagarnos.

PELUQUERO   ¡Infantil, ja, ja, ja! ¡Dejadnos a solas! (*Mirando inquisitivo a* Dieguito *y abriendo y cerrando sus grandes tijeras.*) ¡Tú si quieres…, quédate luego y te dejo probar las pelucas…!

CARMELA   (*Le hace salir con la cabeza.*) Deja a mi sobrino que no está para tus guasas. Probó la cárcel y la muerte de sus padres, mi pobre hermano y su esposa durante los primeros días de la gran redada. Se quedó huérfano y ahora baila con mi trup. Cuéntame ese encargo.

PELUQUERO   El marqués de la Ensenada tiene planes, muchos planes. Es el amigo *charissimo* de don Carlo, mi *signore* Farinelli, que es uno con nuestra ama suprema, la *reigne*… Tiene, el marqués, amigos y leales en todas partes, incluso en las vortes extranjeras. No se para ante nada y sabe cómo ha de hacer las cosas. Le ha encargado a mi señor que organice entretenimientos para que S.M. no caiga en la melancolía y ahí surge la idea del Impávido. La fecha prevista es el 20 de abril, *dans la fête d'anniversaire du marquis.* (*En voz baja y mirando a todos lados por si le oye alguien.*) Y eso, aunque *mio caro signore* no puede, ejem, participar mucho por ser…, capón.

CARMELA   Creo que no me va a gustar lo que me vas a proponer.

PELUQUERO   Los más altos mandatarios de la corte, los embajadores, los amigos del marqués, incluso SS.MM. los reyes estarán invitados, aunque no sé si podrán asistir. Un grupo selecto de caballeros se sentará alrededor de una mesa sin calzas y tú bailarás ese endiablado baile, después te meterás *sous la table* y comenzarás a deleitarlos. Ellos deberán soportar tus caricias sin inmutarse, el que pierda la compostura, quedará eliminado. Te pagarán bien.

CARMELA   ¡Señor peluquero, que no soy puta!

PELUQUERO   Pero si eres mulata y medio gitana. Y tu baile es como fornicar. No lo llames ser puta, llámalo negocio. ¿No dijiste en algún momento que todo dependía del precio? Algo habrá que quieras obtener…

CARMELA   Nosotros no vendemos nuestro cuerpo, sino nuestro movimiento. Soy libre, mis abuelos fueron siervos, pero consiguieron ser libertos y yo no volveré a ser esclava. Si queréis el baile de la vida y la muerte, lo haré. *(Se hace un silencio momentáneo que ella dedica a tomar una difícil decisión.)* Me pedís ser puta y jamás lo sería por mí. Sin embargo, lo haré si cumplís mis condiciones. Ya os adelanto que no son económicas.

PELUQUERO   (*Sorprendido.*) Es la primera vez que no me ponen el dinero por delante como condición. No sé si me va a gustar el trato.

CARMELA   Debo estar enmascarada y debéis gestionar la libertad de unas personas que cumplen condena sin juicio alguno desde hace tres años.

PELUQUERO   Ja, ja, ja. Tienes redaños Parda. De acuerdo, intentaré acordarlo con mi *signore*. Aunque no quieres dinero, si aceptan te doblaré la cantidad prevista, te hará falta para aflojar a algún juez… Y da por hecho, que, en cualquier caso, os ocuparéis del desfile del Corpus.

(*Salen.*)

Escena 5

Un coche se detiene en una casa señorial. Bajan los lacayos y golpean la aldaba del portón. Mientras espera, el Marqués de la Ensenada *ocupa sus pensamientos en el nuevo concordato con la Santa Sede y el buen trabajo realizado por su buen amigo el cardenal Valenti. Sale un criado y detrás una* madama *de la corte, también enmascarada. Los lacayos le abren la puerta del coche y le ayudan a subir al pescante para entrar. Antonio* Rosellón *espera órdenes de su señor.*

Marqués de la Ensenada   ¡Antonio, mi leal servidor, lleva sendas cartas para los correos al marqués de la Fresneda, intendente de la Casa de la Misericordia de Zaragoza y esta otra al capitán general, mi buen amigo el marqués del Castellar. ¡Ahí va la solución a las gitanas de Toledo y Málaga que tantos quebraderos de cabeza me están dando! (*Se dirige con galantería a la dama que espera.*) Subid a bordo, *madama*, este navío no os llevará a Nápoles, pero os divertirá. ¡Estáis bellísima!

Madama   ¡Excelencia, que lujoso coche! ¡Qué suntuosidad! ¿Lo fabricaron en París?

M. Ensenada   No, madama. Este coche de gala fue construido íntegramente en Madrid. Como otro con cuyas tres cristaleras me obsequió la reina Nuestra Señora. De saber que os interesaban los coches parisinos, habría venido a buscaros con la berlina encarnada.

Madama   Se rumorea que vais a ser cardenal. ¿Qué hay de cierto?

M. Ensenada   Mi amigo el cardenal Valenti que me quiere bien, pero lo he rechazado de plano. *(Con ironía.)* Además de ser cardenal debería abrazar la castidad en vez de abrazaros a vos, Madama. Tampoco sé si estaría bien visto haceros regalos como este.

(Le muestra un bello collar.)

Madama   *(Poniéndose el collar con brillo en los ojos.)* ¡Un collar! Cubrirá mi desnudez con vos, el hombre que ha hecho que la corte española compita de nuevo con Versalles. *(Con mirada dulce y falsa.)* Este regalo era completamente innecesario. Son muchas las damas que os admiran, pero ninguna como yo. Por cierto, os agradezco que me hayáis librado de mi buen esposo enviándolo a combatir a los ingleses a las Indias. Era un engorro… ¿Puede cerrar las cortinas V.E.? quiero empezar a agradeceros la viudedad temprana…

(Se inclina sobre él, comienza a besarlo, a abrirle la casaca y el calzón y mete su cabeza en la entrepierna del Marqués, *que se olvida por un rato de los graves asuntos del reino que le ocupan.)*

Escena 6

En la vacía fragua de Diamantino *y* Paula. *Lo único que pudieron recuperar tras la confiscación de todos sus bienes en 1749. Ahora es la casa de la Parda y su trup. Cuando llega* Carmela *están ensayando coreografías aquí y allá.)*

CARMELA   Traigo novedades, y de las buenas.

BAILAORA 1   ¿Qué te traes entre manos? ¡Venga, suéltalo!

CARMELA   Que nos han cogido… les hemos gustado tanto, que nos encargan el desfile.

BAILAORA 2   ¡¿Pero qué me dices?! ¡El desfile del Corpus del año de nuestro señor de 1752!

CARMELA   Quieren gigantones, gigantinas, gitanillos enanos…. Ah y una Tarasca.

BAILAORA 1   ¡¿Una Tarasca?! ¡¿Y eso qué es?!

CARMELA   Una especie de dragón. Un bicho que echa humo por las fauces. ¡Teatro, puro teatro de calle!

BAILAORA 2   ¿Y de bailar, nada?

CARMELA   Pues claro. Eso es nuestro número princi-
                 pal. Sarao a nuestra manera y jaleos bien
                 gitanos.

BAILAORA 2   ¿Y de dónde va a salir tanto artista? Te es-
                 tás metiendo en un berenjenal.

CARMELA   Que no. Que todo va a salir bien. Y nos van
                 a pagar de lo lindo. Parece que avecindar-
                 nos nos ha traído suerte y trabajo. Podré ir
                 a Zaragoza a la Casa de la Misericordia.

BAILAORA 3   ¡Ojalá la Debla te escuche! Tendrás que
                 contar con toda la trup.

CARMELA   Por descontado. Y nos faltarán cómicos. Le
                 he dicho a Dieguito que me busque a sus
                 amigos para completar la comparsa. El
                 problema es quién será mi pareja para el
                 baile de negros. (*Se cubre la cara con las
                 manos y solloza de dolor.*) Siempre era mi
                 hermano… Pero lo mataron esos indesea-
                 bles… ¡Cualquier día en este pueblo me
                 harto a rebanar cuellos!

Escena 7

F. Petra X.   (*Voz en off.*) El 13 de septiembre de 1752, llegaron más de seiscientas cincuenta hermanas gitanas con sus chaborés. Venían desde Málaga donde habían estado presas desde que empezó todo en el verano del 49. La llegada escandalizó al mayordomo, perplejo ante la enorme cantidad de personas que deben ser alojadas y por el estado en el que venían. Peor aún que nosotras. Semidesnudas, malnutridas y muchas enfermas por el hacinamiento y la dureza del encierro y del penoso viaje por mar hasta Tortosa y después remontando el Ebro hasta el Salto de Xerta. Desde ahí por tierra hasta la Casa de Misericordia de Zaragoza. Todas las gitanas, que ya estábamos en la Casa desde enero las recibimos entre vítores y bailes. Las palmas se sucedían y la llegada fue una fiesta.

(*La escena muestra un corro de mujeres desharrapadas y medio en cueros bailando y cantando en la Luna, el nombre que le dieron al patio de la Casa de la Misericordia.*)

Mariuna   Nos pegan y nos maltratan.
Nos pegan y nos maltratan,
Fandango en nombre de quién
si siempre hicimos el bien

si nunca hicimos el mal
si solo pusimos sal
en los cantes habaneros,
para conjurar el miedo
a los palos y al dogal.
Fandango en nombre de quién
nos pegan y nos maltratan.

En nombre de quién nos roban
la salud, la libertad
los hijos, la dignidad
nos aturden, nos atoban
y por igual se nos engloban
en el gremio del dolor
en el infierno, peor
que los mismos animales
desalmados criminales
se llevaron nuestro honor.

Yo hago jena
Yo hago jena
de este limo,
de este fango
yo le pregunto al fandango
al tatuaje, a la jena
Si todas mis penas
se las llevará mi suerte
y si todas las cadenas
se las llevará por siempre
o me llevará la muerte
a su vera, ay a su vera.
¡Aaaay, aaaay!

VEEDOR   (*Amenazante con un chuzo en la mano.*) Venga, adentro. Dejad el cante y el baile y meteos dentro, que en el patio no podéis estar. Y tapaos un poco las vergüenzas que estáis en cueros.

Rosa Cortés   (*Gritando y mostrando ambos pechos.*) ¡Ni escondo esto, ni vamos a entrar en esa pocilga de cuarto! ¿Queréis que mueran los niños? Nos quedamos en el patio.

(*Todas se ponen a tocar las palmas de modo desafiante.*)

Gitana Malagueña 1   ¡Olé, olé y olé! ¡No podrán con nosotras! Hemos aprendido a defendernos y sobreviviremos.

Gitana Malagueña 2   ¡Queremos justicia y queremos libertad! Lucharemos con uñas y dientes hasta conseguirlo. ¡Por nosotras y por nuestros hijos! ¿Me oís, carceleros? Tenemos de nuestra parte, no solo la razón en este siglo de sinrazón, sino que, además, ya hemos roto las cadenas del miedo. ¡En nuestra alma y en nuestras manos tenemos la fuerza de mirar a la muerte a la cara!

(*Todas se rompen las manos a aplaudir y a abuchear a los captores.*)

Voz de soldado   ¡Silencio bruja! ¡A callar, todas!

(Las encerradas comienzan a transformar la ovación en unas palmas por tangos que siguen todas con frenesí.)

VEEDOR ¡A callarse! Si no obedecéis, malditas gitanas, os quitaremos la guitarra y el pan de dos días. Así que a callarse. *(Aparte.)* Y ahora setecientas bocas salvajes más. No habrá manera de domar a estas putas. ¡Maldito Ensenada!

Escena 8

Suena el fandango «Tempestad grande, amigo» de José de Nebra. Sobre el escenario un formidable taconeo rápido por jaleos se acompasa con las castañuelas hembras y maños que se alternan. Se muestra en pantalla una gran fiesta con mucha participación popular, con petimetres y madamas, nobles y plebeyos disfrutando. En primera fila los grandes nobles de la corte son un hervidero de rumores, tras la muerte de Carvajal y el nombramiento de Wall como nuevo secretario de estado, el embajador inglés ha visto reforzada su influencia y cree tener contra las cuerdas al Marqués de la Ensenada.)

Marqués de la Ensenada   Excelencia, es un honor hablar con vos, incluso en este espectáculo del Corpus. ¿En qué puedo servirle hoy?

Benjamin Keene   Gracias, Marqués. Permítame ser directo. Hay connivencia con Francia y se está poniendo en riesgo la paz y los intereses de Inglaterra. Necesito respuestas claras. No me niegue que España está reforzando su flota naval. Estamos reuniendo pruebas de que «alguien» ha autorizado atacar a mi país en La Habana, sin conocimiento de S.M. el rey Fernando. Además, se dice que ese mismo «alguien», ha contactado con el infante don Carlos por la colonia de Sacramento. A S.M. don Fernando no le gustará comprobar una falta tal de lealtad.

M. ENSENADA   Señor Keene, como secretario de Guerra y Marina, mi deber es garantizar la seguridad y la defensa del reino. Pero nuestro Amo es un firme defensor de la paz a ultranza. (Mintiendo a propósito.) Ningún barco saldrá a batallar, salvo legítima defensa. Sobre los demás asuntos, no tengo ni la más remota idea de lo que decís. (*Mintiendo de nuevo.*) Sabéis bien que soy el más fiel siervo del rey.

B. KEENE   (*Frunciendo el ceño.*) Marqués, no somos ingenuos. Encontraremos las pruebas. Además, sabemos que su rearme naval no es solo para proteger sus costas. ¿Está planeando una guerra contra nosotros?

M. ENSENADA   (*Sonriendo.*) Embajador, Madrid, como toda Europa, es un hervidero de espías, y no todos tienen la información de la que presumen. Las órdenes del S.M. el rey son taxativas: en guerra con nadie. Nuestros planes son solo defensivos. No albergamos intenciones hostiles con nadie, menos con Inglaterra. Por cierto, el espectáculo va a comenzar. Es el Corpus, sabemos que vos no sois católico, pero este año tiraremos la casa por la ventana. Divertíos, señor embajador.

B. KEENE   (*Retirándose hosco.*) Marqués, no me subestime. Hablaré con la reina de sus proyectos. No aceptaremos una España beligerante y aliada de Francia.

M. ENSENADA   (*Con calma.*) Embajador, no os enfadéis, mirad que bellezas van a desfilar. Confío en que vuestra inteligencia convenga conmigo en que la diplomacia prevalecerá.

(*Sale a escena* CARMELA *la Esprejañí abriendo el desfile del Corpus de 1754. La música, la danza, la fiesta de los ricos y de los pobres... El desfile se abre paso al son de la música de guitarras, panderos, violines, castañuelas y palmas. Un sacerdote iba bendiciendo con un hisopo. Detrás cuatro monaguillos portaban la custodia bajo palio. Tras ellos un grupo de comediantes. Dos gigantones, dos gigantinas, varios mojarrillas disfrazados de endemoniados. A continuación, dos danzantes contorsionaban y bailaban con brazos y caderas de forma exuberante y comprometedora, abriendo paso a una Tarasca de rostro temible, que echaba humo por las fauces. Los comediantes batían las palmas por jaleos e incitaban al público a participar*) *con ellos. Todo muy carnavalesco y sensual. Sobre el escenario* CARMELA *ejecutó una danza negra acompañada por un esclavo mandinga, que le hizo de pareja. Los escoltaban cuatro palmeros y un cantaor gitano superviviente como ellos de la gran redada del 49.)*

Escena 9

F. Petra X.   (*Voz en off.*) Los meses iban pasando. Más palos. Más hambre. Más fugas. Más enfermedades. Más conflictos. En uno de los pabellones, varias mujeres pobres vestidas con el hábito de la Casa de Misericordia, a modo de uniforme trabajaban en los telares. Una oficiala intentaba enseñarnos a tejer. Tenían pedidos de velas, de cabos y de sogas para los navíos de la marina y la Sitiada necesitaba obtener mayores ingresos para compensar los gastos de la llegada de las malagueñas y sus hijos. También hacía falta dinero para reparar los destrozos en los pozos y en los muros de adobe que hacíamos para escapar. Una de las más sonadas fue la fuga de Rosa Cortés, pero no fue la única.

(*En un taller, lleno de telares.*)

Oficiala   Es un trabajo duro y requiere cuidado, si desatendéis la tarea, frenaréis el resultado y eso costará dinero. Poned cuidado y aprended, que pronto lo tendréis que tejer solas.

Tía Petra   ¿Y Cuánto decís que nos pagarán por la labor en la oficina de alpargatería o el telar?

OFICIALA   Eso no lo sé. Después vendrá un regidor y os dirá vuestro sueldo. Pero ahora tenéis que trabajar.

MUJER POBRE 1   *(Mientras hila, responde susurrando.)* Comadre, nos dan veinte reales…

MUJER POBRE 2   ¡Cállate, so zorra! Si reventaras… No ves que estas nos van a chupar la sangre. ¿Qué tienes que decir tú lo que nos pagan ni nos dejan de pagar?

CASPOLINA   Mira maja. Estas hermanas llevan corrida media España, se han llevado a sus hijos y a sus nietos engrilletados como si fueran delincuentes, algunos han muerto, asesinados… A mí me han acusado de bruja por curar un tabardillo a mis vecinos. Todas hemos pasado hambre y sed. Nos han pegado, nos han robado, a algunas nos han violado. O me dice esta oficiala o el mismísimo intendente ahora lo que vamos a cobrar o vas a tejer tú y la madre que te parió. ¿Te enteras?

(Se arma un revuelo, las pobres de la casa rodean a la oficiala y las gitanas se ponen en jarras y todas discuten.)

MARIUNA   ¡Tengamos la fiesta en paz! Nosotras no queremos peleas ni jaleos. Solo que nos paguen. Aquí la comida escasea y abundan los palos. Necesitamos plata para vivir.

M. Pobre 2   ¡Ca, fuera bruja, fornicadora de cabrones! Esta es una Casa de Misericordia y la ampara el rey, seguro que les darán lo que les pertenece, si trabajan duro y se lo ganan. ¡Y a ti así te chamusquen el hopo!

Caspolina   ¡Virgen bendita del Pilar, remédiame! Mira maja, yo soy de Caspe, pero aquí todas somos hermanas y, o todas estamos unidas y juntas en esto, o todas perderemos, las pobres, las gitanas y yo que estoy por pobre, gitana y curandera. Yo solo me pliego ante mi virgen, ningún carcelero me hará doblar la rodilla. *(Se sube a un poyete para ser oída mejor.)* ¡Hermanas, escuchad! ¡Si no nos atienden como personas, saquemos las uñas como diablas y seremos libres! Si no hay justicia para nosotras, no merecen dormir en paz, por tanto, ¡o nos pagan lo que es nuestro o le metemos fuego a los telares y a toda la puta casa!

(La Mujer Pobre 2 *se escabulle y sale a hurtadillas a avisar al* Veedor *o al* Alcaide de Gitanas.*)*

M. Pobre 3   Desde que han llegado las gitanas malagueñas no hay dinero para todas. Hay que apañarse.

Tía Petra   ¡Lagarto, lagarto! ¿A que va a tener razón la Caspolina? El gato escaldado del agua fría huye. Y encima dicen que no somos pobres de veras, sino fingidas. ¡Venga, coño, que ya no nos fiamos! Solo pedimos que nos digan lo que vamos a ganar.

OFICIALA   Os juro que en cuanto lo sepa os lo digo... Pero tenéis que aprender a hilar.

MARIUNA   Mira este ojo hueco, lo perdí de un bastonazo en Toledo. ¿¡Nos tomáis por tontas!? (*Se reaviva el revuelo, la tensión y las voces. Entra el* ALCAIDE DE GITANAS, *blandiendo un bastón y tras él la chivata.*)

ALCAIDE DE GITANAS 2   Me parece que aquí alguien quiere probar jarabe de palo. ¿Queréis que os pase como las fugitivas que se dejaron engañar por Rosa Cortés? Mirad que yo no os temo como sí os temía mi antecesor. ¿Dónde está la madre de gitanas? (*Se hace un silencio sólido mientras las revoltosas crucifican con la mirada a la chivata. El* ALCAIDE *se dirige a la* CASPOLINA.) Deja de azuzarlas, recuerda que te envió aquí el Santo Oficio. ¡Como insistas daré parte al veedor y te vas a enterar! En cambio, si os portáis bien, haremos como que no ha pasado nada. Por mí mejor que vayáis como la seda. Pero como no sea así, tú, Caspolina irás al cepo de nuevo y vosotras vais a catar mi chuzo. Tiene un sabor de perlas en las costillas..., y en el culo más. ¡Alguna lo tiene ya como un tomate! Preguntad a Rosa Cortés, que lo ha probado cuando la capturamos.

TÍA PETRA — Rosa Cortés es una mujer muy valiente. Tú no le llegas a la altura de los tobillos aunque vivieras cinco vidas. Somos zincallís y no tememos a tu palo, ni tus chulescas palabras. Solo pedimos saber si nos van a pagar por trabajar y cuánto. Advertido quedas alcaide, nosotras podemos perdonar todo menos a un traidor.

A. GITANAS 2 — Cuatro dineros. Eso es lo que os corresponderá si cumplís.

(Todas se alborotan y protestan contrariadas, las manos en jarras desafiantes.)

CASPOLINA — ¡¿Cuatro dineros?! ¡¡¡Pero si eso es menos de una cuarta parte de lo que le pagáis a estas otras!!! Pues por ese dinero lo harás tú con los cuernos de diablo que tienes. ¡Llama al veedor o al intendente si quieres! ¡Hermanas el fuego de la libertad nos espera!

A. GITANAS 2 — ¡No mientes la hoguera o sus dientes te morderán! Es lo que hay, cuatro dineros y sanseacabó.

TÍA PETRA — Está bien, cuatro dineros, pero por adelantado. Páganos y nos ponemos en los telares.

(Todas se sorprenden y más la CASPOLINA que lo ve una indignidad. El ALCAIDE sonríe al verse vencedor de la pugna.)

A. GITANAS 2   ¡Ya sabía yo que entraríais en razón! (*Saca una faltriquera, cuenta las trabajadoras y revisa las monedas que debe darlas.*) ¡Ahí va la paga! Ahora, holgazanas, poneos en esos telares y ¡a tejer!

TÍA PETRA   (*Contando la esquelética paga.*) ¡Vayan con Dios los alegres! Descuide señor alcaide, que le vamos a sacar el mejor partido a estos telares… (*Sale ufano y contento el AL-CAIDE. La CARACOLA hace gestos con las manos diciendo que esperen a que se haya ido.*) Ya se fue ese idiota, como decimos en *zincallí andoba dililó*. ¡Cerrad las puertas para que ninguna de estas pueda avisar! ¿Os acordáis de la que montamos en Toledo?, pues igual…, solo que con telares. Ahora a trabajar duro, cada una con un telar. Enredad los hilos y esconded las tablas que nos servirán, el resto de la madera que arda como triquitraque. ¡Caspolina, Rosa, hermanas, la virgen del Pilar, la Debla está con nosotras y no con esos cuervos! Antes o después nos tendrán que soltar. ¡Ya está bien de castigos! ¡No dejéis ni un telar en pie! (*Se dirige a las otras mujeres pobres.*) Y vosotras chitón. ¡Vamos que no se diga que somos holgazanas, a darle duro!

(*Se abalanzan sobre los telares y los comienzan a destrozar a golpes y a quemarlos con el aceite de los candiles. Al prender el fuego todas huyen entre gritos y caos.*)

F. Petra X.   (*Voz en off.*) (*Suena una falseta de guitarra por tientos.*) Con la barahúnda las pobres huyeron y a sus gritos acudieron el veedor y otros vigilantes a reprimirnos. Nos dieron de palos, pero solo cejamos bajo promesa de no ir al cepo por hablar caló y de mejores pagos y aguinaldos. Nos pareció una gran victoria, a pesar del firme encierro al que nos sometieron y que disparó los casos de sarna entre nosotras. Nos enteramos de que la Sitiada había informado en junio de 1754 a su excelencia el marqués de la Ensenada de que todas estábamos infectadas. No hizo nada. Pese a todo nuestra moral era alta. Nos dio fuerzas para resistir y para preparar más fugas. Pero a la Caspolina, que no era gitana sino agote de Navarra, se la llevaron de noche y con alevosía. Se acercaba la hora de la verdad para todos, también para mí y para mi Pedrolé. ¡Ay, resistir, fugarnos! Vivir por todos nuestros muertos. ¡Para verlos pagar tanto dolor, tanta injusticia!

(*Cesa la guitarra. Silencio. Oscuro.*)

Acto Quinto
Escena 1

(En una de las celdas de la Casa de la Misericordia de Zaragoza, la noche del 20 de junio de 1754, Tía Petra, Mariuna y Pedrolé excavan el muro con palos de madera con punta de clavos.)

TÍA PETRA   Traed más agua para ablandar el adobe. Ya casi ha cedido. Hoy es el día. Caspolina me dijo en sueños que el ánima en pena del padre Tablada, uno de los causantes de nuestro cautiverio y el que ideó nuestra extinción separando a hombres y mujeres, le confesó a las puertas del infierno que hoy empezarían a pagar los demás culpables. Hoy le tocaba a Ensenada. Yo le dije que era intocable y ella me dijo que nadie escapaba a su destino. ¡Mariuna, Pedrolé, venga con más fuerza, más agua!

MARIUNA   Los poderosos siempre saben cómo escapar a sus pecados. Viven pisándonos la cabeza y usando a Dios como ariete. Madre, si no escapamos hoy, ya sabes lo que pasará.

PEDROLÉ ADOLESCENTE   Lo sabemos todos, Mariuna. Desde que han descubierto que no soy una niña me han venido amenazando con llevarme de grumete a algún barco, para que termine ahogado como mi padre, o si no a deslomarme como un esclavo en los astilleros o en las minas de azogue para que la plata del Perú siga haciéndoles más y más ricos al rey y a los grandes de España.

TÍA PETRA   La pared cederá. He pagado bien a mis hermanas para que entretengan a los guardias y al veedor. ¡Lo lograremos! ¡Más agua, más agua!

(*Se oyen golpes en la puerta y voces.*)

GUARDIA 1   (*Voz en off.*) ¡Abrid la puerta, abrid o lo vais a pagar caro!

(*La* TÍA PETRA *atranca la puerta y corren a empujar la pared reblandecida hasta que cede y se desmorona. Los tres salen corriendo justo a tiempo para evitar que las capturen los guardias que entran a buscarlas y salen en su persecución.*)

Escena 2

A la misma hora en la casa del Marqués de la Ensenada, *en Madrid. Noche cerrada. Un contingente bien armado de guardias españoles rodea la casa. Las tropas tomas posiciones en las calles adyacentes mientras el* Alcalde de Corte, *el representante del Consejo de Castilla y el* Coronel *al mando se acercan a la puerta.*

Alcalde de Corte   (*Golpeando el aldabón tres veces.*) ¡Abrid en nombre del rey! (*Nervioso.*) Abrid, digo, señor Marqués.

Vecino 1   (*Asomándose desde la casa de enfrente.*) ¿Qué sucede señor? Su excelencia debe estar dormido son las tres de la mañana.

Coronel   Ande a dormir, que con usted no va nada. (*Dirigiéndose al* Cochero.) Sujete las mulas, que pronto saldrán de viaje.

Cochero 2   Descuide señor que estas seis mulas son de la caballeriza de la reina y nunca fallan.

Vecino 2   Perdone, mi coronel, somos familiares de don Zenón. Esta casa es también suya, alquilada, pero suya. ¿Sucede algo?

ALC. CORTE   (*Cortante.*) Sabemos de las riquezas del marqués. Mucho más que de cómo las obtuvo. (*Golpea de nuevo el aldabón del portón.*) Él y todos los suyos lo van a pasar mal.

ROSELLÓN   (*Respondiendo desde dentro y abriendo.*) Ya va. ¿Quién llama a estas horas?

ALC. CORTE   Dígale a su excelencia que traigo una misiva urgente de Buen Retiro. Ignoro su contenido exacto, pero me temo que son malas noticias para el marqués. Debemos entrar.

M. ENSENADA   (*Voz en off. Hablando desde dentro del hogar.*) Hazles pasar Antonio.

(ROSELLÓN *los hace pasar. Los vecinos a escondidas miran por las ventanas, temerosos de ver tanta tropa en la calle, claramente desplegada con tanto secreto como contundencia, contra el* MARQUÉS.)

Escena 3

El escenario muestra un claro en una arboleda, bañado por una luz fantasmagórica. Los grillos cantan bajo un cielo estrellado y sin muros. Van llegando mujeres al aquelarre. En un círculo de fuego dos montones de tierra.

MARIUNA | Hace siglos, esta tierra era un camino de esperanza, de sueños. Pero ahora… ahora solo es un sendero solitario. ¿Por qué estamos atrapadas aquí? ¿Por qué no podemos encontrar la paz? El viento susurra palabras de justicia que la espera ha transformado en deseo de venganza. Estamos enfermas, la sarna nos come, pero yo estoy muerta en vida. Miradlos (*Señala los dos túmulos de arena.*) Todos muertos. Toda mi familia muerta, mi madre, mi hermano Pedro, mi Pepillí, Paula, Diamantino y tantos otros. La pobre Caspolina muerta por pedir igualdad y por curar a los enfermos. Y nosotros prisioneros, esclavos o muertos solo por ser gitanos y por vivir libres. Por recuperar la libertad que nos robaron hace cinco años. Todas sabéis que mi hermano era un niño al que tuvimos que disfrazar de niña para que no nos lo robaran. Mantuvimos el engaño todo el tiempo posible pero esta maldita sarna que se nos va a llevar a todas, por mucho arroz y cocciones de zarza que nos den. Esta maldita sarna, repito, hizo que le descubrieran y nos la jugamos. Yo escapé, pero ellos no lo consiguieron y se ahogaron en el Ebro. Estamos aquí para rendirles memoria a ellos y a todas las víctimas de esta maldita Pragmática que nos tiene en prisión por ser gitanas o diferentes, como la pobre Caspolina. *(Se arrodilla entre los túmulos y coge un puñado de arena de la zona del corazón y comienza a comérsela.)* Ya que Dios nos dio un portazo y nos abandonó en este infierno, por esta madre tierra que ahora mastico como si fuera la carne de todas nosotras y con nuestra propia sangre. *(Todas se quitan los harapos y se pinchan con agujas y riegan los túmulos.)* Hacemos este juramento. No descansaremos hasta que paguen los causantes de todo este mal. Quizá muramos, quizá seamos fantasmas, quizá sean nuestros hijos los que nos hagan justicia y venzan porque sobrevivir es vencer. Que la tierra nos acoja y nos dé memoria donde Dios solo nos ofreció olvido y dolor.

(Se arrodilla sobre los túmulos y llora desconsoladamente, mientras las demás inician un canto fúnebre.)

TODAS   *(Cantando.)*
Brava gitanería.

Dulces brujas queridas.
Los palos fueron alas.
Mil pájaros de fuego
claman a voz justicia,
lloran la despedida.

Con su bella negrura,
paran por un momento
los relojes del tiempo,
en roja atardecida.

Brava gitanería.
Dulces brujas queridas:

no quisiera bajar
este duro peldaño
palabra que escribía en el seno su daño

ni quiero ni querría
ver como este aciago año
nos atrapaba en su red,
cuando feliz venía
rareza del destino,
a celebrar la vida,
hallando un golpe frío,
inesperado y cruel.

Pedrolé, ¿y tu sonrisa?
¿De qué estabas forjada?
Hecha de puñetazos
de tierra dolorida,
de pura libertad,
la que el gitano ansía.

Brava gitanería.
Dulces brujas queridas:

ojalá nunca hubiera
de cantar esta elegía.
Los recuerdos se agolpan,
es hora del balance.
no quiero por quereros,
prolongar la agonía,
ni el daño de la pérdida
que produce la muerte.

Nos dejáis la gran fuerza,
la incansable energía,
con el sol de Aragón
que siempre nos unía.
Esa tierra de luz
y de manos heridas,
que forjó las Españas,
con su gente sencilla.
Cómo tú y tú y otros
que nos robaron todo

por soñar igualdad.
Quizá la senda incierta
pueda abrir nuevas vías
de adiós a la pobreza.
Que el futuro se labra,
al desplegar el vuelo.
Nos queda un gran vacío,
en este desconsuelo
aquelarre de honor,
que no muera la vida,

que hasta la cárcel llora,
lágrimas por sus muros.
nos dejáis la semilla,
palabras que se gritan.
Nos las cantan los pájaros
en su fúnebre vuelo.
Aunque anclada en la tierra,
el alma ya es sonrisa,
tierno abrazo de nubes,
cobijo para liebres,

beso de rosaleda,
al abrigo de vientos,
 rezos y agua bendita,
blanco algodón de azúcar.
El aire se perfuma
de afectos y de espinas.

Escena 4

(En escena se muestra la iglesia de Umane-
xos en una pantalla y la cámara mortuoria
donde yace el cadáver del Marqués de la Ensenada. *Junto a él, el* fantasma de Petra Ximénez, *la* Tía Petra.*)*

F. Petra X.   Fue en ese momento, no sé cómo, que mi
espíritu se resistió a desaparecer. Debía proteger a mis hijos y no lo había conseguido,
debía vengarme ya que nadie nos ofreció
justicia y tampoco podría hacerlo estando
muerta. Una urraca graznó y me vi con-
templando la ceremonia de mi funeral des-
garrada de dolor. De la nada y de ese dolor
salió mi fantasma. Llegó el indulto para mi
hija, que nadie sabe cómo lo logró Carmela, la Esprejañí. Con ellas regresé a la Iglesia de Umanexos, donde vi pasar el tiempo, primero supe de tu caída, enseguida la
del Padre Rávago. Después fue la Reina y
tras el año sin rey, el mismo rey, enloquecido y solo. El veedor murió del mal francés. Tú volviste al poder con el nuevo monarca Carlos, pero ya no eras el mismo,
eras más nada a pesar de tus intentos y los
de los jesuitas. Llegó el Motín de Esquila-
che y esa fue la hora del maldito alcalde

Mayor, la Parda y Dieguito encontraron la manera en los tumultos de darle su merecido. A ti esa revuelta te costó el destierro y finalmente yaces aquí. Los muertos sabemos mucho y la manada que me violó paga en el infierno, ahogados como yo. Ahora creo que podré descansar. Mi tragedia llega a su fin. *(Suenan las campanas a muerto.)* Ya vienen por ti. De tanto perder, hemos ganado.

(Oscuro.)

Epílogo

Es la noche del 24 de noviembre, víspera de Navidad de 1875 en la Basílica de San Francisco el Grande de Madrid, que está sucia y descuidada. La escena se ilumina tenuemente al abrirse la puerta de una reja con un quejido metálico. Entra a la capilla un Niño *con un candil en la mano y tal miedo que se palpa.*

PEDRÍN   ¡Aquí hay fantasmas y me habéis hecho entrar, igual que antes pidiendo aguinaldo, solo cantaba yo y vosotros poniendo el cazo! ¡Sois unos cabronazos!

(Mirando a todos lados con temor y comenzando a bajar los escalones.)

NIÑO 1   ¡Cagueta! Has jugado a la taba y has perdido. Tu castigo es este. Rápido, coge lo que te ha pedido la madre y vámonos de aquí.

PEDRÍN   Seguro que tú estás más jiñado que yo, que bien que te quedas ahí detrás y no entras. Además, robar huesos no es un castigo, es un pecado y un delito contra la Ley Gitana.

NIÑO 2   ¿No querías jugar? Si no quieres que te tengamos por un cobardica cumple la orden de la madre.

PEDRÍN   Ya. Pero me habéis puteado. Tiré, me salió carne y no me disteis la madre…, y esto es peor que la bufanda, que, aunque me ha levantado ampollas en el cuello, no es como lo que me mandáis ahora.

NIÑO 1   Toma, mira por dónde sale el pelasuertes este. Ya te dijimos que esa parte de la taba no te tocaba hasta que seas como nosotros. Así que te has librado mientras te salió hoyo y panza, pero en cuanto que te salió culo: ¡a joderse! Te toca cobrar y obedecer. Si superas la prueba y nos subes dos huesos de gamba y una calavera te habrás ganado nuestro respeto, si no nos burlaremos de ti toda la vida.

PEDRÍN   Los muertos son una cosa muy seria…, faltarles el respeto, no lo hacemos los gitanos. Me quedaré dentro para que no digáis que soy un cobarde. Pero los huesos no los toco. El que quiera que pase y los coja.

(Penetra hasta el fondo de la capilla, desenmarañando telarañas que le salen al paso y a la luz del candil se ven varios ataúdes por el suelo. PEDRÍN al verlos se santigua tres veces, hace una higa para protegerse y se sienta en una polvorienta silla. A su lado hay unas hachas, las enciende con el candil y se ilumina la estancia.)

Niño 1   (*Asomándose a la puerta de la reja.*) ¡Eh, vosotros! Es verdad lo que decían. Aquí hay un montón de ricos muertos. Seguro que esconden algún tesoro. ¡Bajad, rápido!

              (*Se abre de nuevo la cancela y se asoma con miedo un grupo de chicuelos. Cogidos de la mano se acercan todos hasta donde está Pe-drín.*)

Niño 2   ¡Hostias, Pedrín! ¡Qué canguelo!

Niño 3   ¡Mirad, tienen letreros puestos! ¿Qué pondrá? ¡Ojalá supiera leer!

Todos   ¡Y yo! ¡Y yo! ¡Y yo!

Pedrín   Yo sé leer un poco…

              (*Todos lo miran con asombro.*)

Niño 2   ¿Qué pone?

              (Pedrín *lee despacio y silabeando el nombre que figura en el tarjetón identificativo.*)

Pedrín   Don Ze-nón… de So-mo-de-vi-lla… y Ben-go-e-che-a…, mar-qués… No se entiende lo que sigue. Está emborronado.

Niño 3   ¡Un marqués! Y se llamaba Zenón, ¡Vaya nombre! Debía darse unas cenas del copón el señor Zenón. (*Todos ríen la ocurrencia.*)

Seguro que estaba forrado de dinero. ¿Abrimos la caja a ver si tiene dientes de oro o alguna alhaja?

PEDRÍN   ¡No la abráis! ¿Y si se escapa algún dengue?

NIÑO 2   ¡Qué dices de dengue, que estamos en una iglesia y aquí no hay fantasmas! Vamos a abrirlo y a quien no lo haga se la salamos con ceniza de esas bolsas.

PEDRÍN   Respeto a los muertos. Yo me piro.

(*Lo rodean.*)

NIÑO 2   Vamos a salársela. ¡Sujetadlo!

(*Forcejean con* PEDRÍN. *Se cae una urna de un estante y golpea en la cabeza a* PEDRÍN *que se desmaya. Con el trompazo se desprende una calavera que rueda hacia ellos. Repentinamente aparece el fantasma del* MARQUÉS DE LA ENSENADA *que mira a los niños sorprendido. Los chicuelos aterrorizados sueltan a* PEDRÍN *y huyen desaforadamente fuera de la capilla y cierran la puerta con* PEDRÍN *dentro.*)

FANTASMA DE DON ZENÓN   ¿Quién osa perturbar mi sueño? ¿Y dónde me hallo que esto no parece la cripta de Medina? Niño, ¿quién eres?

PEDRÍN   (*Aturdido.*) Señor perdone usted, me han
                obligado a entrar y me han dejado encerra-
                do con todos estos muertos. ¿Usted es el
                guarda?

F. D. Zenón   Guardamarina fui, cuando era joven, allá en
                Cádiz. Ahora soy polvo en el viento. La úl-
                tima vez que vi la luz estaba con una gitana
                en el funeral de un ejem… conocido mío,
                en Medina del Campo.

PEDRÍN   ¿Una gitana, señor? Yo también soy gita-
                no, pero un gitano fino. Pedrín me llaman,
                para servirle señor. Incluso estoy apren-
                diendo a leer.

F. D. Zenón   (*Murmurando para sí.*) ¡Virgen santísima
                de la Valvanera! ¿Es que no voy a poder li-
                brarme de esta maldita raza, ni muerto? Y
                encima ahora aprenden a leer, ¿qué será lo
                siguiente?

PEDRÍN   ¿Qué dice señor, entre dientes? Tengo
                miedo.

F. D. Zenón   Nada hijo, me he sorprendido con tu afir-
                mación de ser gitano. En el pasado hubo
                quien quiso acabar con toda tu raza.

PEDRÍN   No entiendo. Acabar con todos los gitanos.
                ¿Exterminarnos? ¿Por qué?

F. D. Zenón   Una vieja idea, nacida precisamente en Medina de Campo, según me dijo Petra Ximénez ya en tiempos de la Reina Católica. Un desafío al alcance de muy pocos. Hechuras zenonicias se pusieron a ello con toda la fuerza del estado... ¡Hondo quebranto! ¿Dónde estamos ahora?

Pedrín   Ximénez habéis dicho señor, como yo y Petra como mi madre. No sé de qué hechuras me habla usía. Estamos en San Francisco el Grande, en Madrid, villa y corte, señor. Mañana es la Nochebuena de 1875. Habíamos salido a pedir el aguinaldo y a jugar a las tabas. En este panteón hay enterrados muchos señorones importantes.

F. D. Zenón   (*Alucinado.*) ¡Un siglo! ¿En la capital del reino? ¡Diantres y no hallo descanso en la iglesia de Santiago el Real de Medina! Y me has hablado de panteón ¿dónde está la solemnidad y el cuidado que correspondería a un panteón de ilustres señores? ¿Te apellidas Ximénez?

Pedrín   Jiménez con jota, señor. Un apellido muy español y gitano. Me he asustado con eso que dijo de aniquilar a los gitanos. Se me hiela la sangre, señor. Me preguntó usía por todo esto. No sé bien. Se dicen cosas de este sitio. El año de 1869, hubo una gran revolución en España, la Gloriosa. Destronaron a la reina y trajeron gente importante para no sé qué homenaje en el panteón. Pero nanay. Aquí solo hay esqueletos y fantasmas. Espero no ver ninguno. A mí me dan mucho respeto los muertos. Para nosotros, los gitanos, son sagrados.

F. D. Zenón   (*Irónico.*) Los fantasmas no existen, muchacho. Solo son sombras, suspiros en el viento. (*Se queda pensativo y en silencio un momento. De repente, comienza a hablar.*) La razón de estado del estado sin razón. ¡Panteón de hombres ilustres cuyas reliquias andan por los suelos sirviendo de siniestro juguete a unos mozalbetes, qué carambola de la historia! Y, frente a esto, el gitanillo me habla de respeto sagrado a los muertos. ¡Cuán equivocados estábamos! ¡Ingente lección, la que me da el chiquillo! ¡Cuánta decencia pisoteada, cuanto dolor causado por no reparar en medios para lograr un alto fin! Merezco algo peor que el infierno, como me dijo Petra Ximénez. No merezco ser ilustre a costa de ocultar y de esconder las maldades que emprendí y el daño que causé. Singularmente a tu pueblo, a los que, siendo inocentes, os robamos hasta vuestra lengua e incluso a muchos la vida. No podemos robaros también la memoria.

Pedrín   Señor, no sé bien qué queréis decir. Los gitanos somos un pueblo que ama ser libre y aunque nos lo ponen muy difícil siempre salimos adelante. Yo ya no hablo caló pero sé muchas palabras de mi abuela, la que más me gusta es Li.

F. D. ZENÓN   ¿Li, y qué significa?

PEDRÍN   Libertad, señor, libertad.

(Se oye ruido y algarabía arriba. Entran los niños con otros mayores armados de palos y antorchas. El fantasma se esfuma ante la estupefacción de PEDRÍN. *Algunos niños cogen varias calaveras y se van de la capilla. Suenan los acordes de una guitarra por bulerías acompañados de cajón, taconeo y un palmeo febril. Oscuro.)*

FIN

Esta primera edición de *Petra Ximénez*,
de Isidoro Ortega-López, terminó de imprimirse
en octubre de dos mil veinticuatro,
en Madrid.